博雅对外汉语精品教材
报刊教材系列

新编 读报纸 学中文
——汉语报刊阅读 初级

Reading Newspapers, Learning Chinese:
A Course in Reading Chinese Newspapers and Periodicals

Elementary · New Edition

吴成年 ◎ 主编

吴成年 马 岚 苗培颖 朱胜男 ◎ 编著

北京大学出版社
PEKING UNIVERSITY PRESS

图书在版编目（CIP）数据

新编读报纸学中文：汉语报刊阅读. 初级 / 吴成年主编. —北京：北京大学出版社，2015.6
（博雅对外汉语精品教材）
ISBN 978-7-301-25635-0

Ⅰ.①新…　Ⅱ.①吴…　Ⅲ.①汉语–阅读教学–对外汉语教学–教材　Ⅳ.①H195.4

中国版本图书馆 CIP 数据核字 (2015) 第 066138 号

书　　名	新编读报纸学中文——汉语报刊阅读　初级
著作责任者	吴成年　主编
责任编辑	唐娟华
标准书号	ISBN 978-7-301-25635-0
出版发行	北京大学出版社
地　　址	北京市海淀区成府路 205 号　100871
网　　址	http://www.pup.cn　　新浪微博：@北京大学出版社
电子信箱	zpup@pup.cn
电　　话	邮购部 62752015　发行部 62750672　编辑部 62753374
印 刷 者	三河市北燕印装有限公司
经 销 者	新华书店
	889 毫米 ×1194 毫米　16 开本　12.25 印张　305 千字
	2015 年 6 月第 1 版　2020 年 12 月第 2 次印刷
定　　价	46.00 元（含 MP3 光盘 1 张）

未经许可，不得以任何方式复制或抄袭本书之部分或全部内容。
版权所有，侵权必究
举报电话：010-62752024　电子信箱：fd@pup.pku.edu.cn
图书如有印装质量问题，请与出版部联系，电话：010-62756370

前　言

《新编读报纸学中文——汉语报刊阅读》（初级）是专为初级汉语水平的学习者（约掌握1000个左右的词语、600个左右的汉字，已学习了600学时的汉语、相当于在中国汉语教学环境中已学了1学期左右的汉语）编写的报刊课教材。本教材的编写吸收了当前报刊课程的研究成果，借鉴了已有报刊教材和其他类型教材的优点，以求切合报刊教学的需求。其特点如下：

一、选材注重趣味与新意。 在编写教材之前，我们先后对130名初级汉语水平的留学生做了有关报刊话题兴趣程度的问卷调查，对学生比较感兴趣的话题优先编入教材；同时又选入了一些反映中国近年出现的有关新事物、新现象的报道，如低头族、网络团购、高铁外交、单独二胎、延迟退休等，力求使教材内容既别具趣味又充满新意。

二、编写有意控制教材的难度。 一是控制课文的篇幅，第一至八课的主课文篇幅控制在500～600字左右；第九至十五课的主课文篇幅控制在600～700字左右。二是注重对超纲词比例的控制，全书纲内普通词占90.2%，超纲词占9.8%。三是每课词语表有英、日、韩三种语言的翻译，并附有常见的词组或例句，便于学生更容易理解和学习生词。四是教材设有背景知识、课文导入、报刊长句等栏目，帮助学生更易学习课文和相关的话题。

三、注重学生中文报刊阅读能力的训练。 本教材每课配有两篇标明字数、限时当堂阅读的文章，可使学生在完成这些阅读任务的过程中不断提高阅读速度和主动跨越阅读障碍的能力。排序题、概括段意题主要训练学生的语篇组织能力和语篇概括能力。注重培养阅读能力的同时，兼顾听、说、写的能力培养。课堂语言点的操练、话题讨论、每周的报刊发言、报刊摘要与看法的初步写作、练习五的话题写作准备和讨论等，可使学生的听、说、读、写四种能力得到综合的训练和提高。

四、突出重要语言点的学习。 本教材每篇课文的重要语言点有3～5个，课文的重要语言点以变换字体、变色的形式标出，便于教师和学生查找。重要语言点的例释力求简要、易懂，注重用法介绍，并用选自报刊文章中的一些语料加以举例说明。

五、重视对课文内容的复习。 本教材练习一、二、三、四，主要紧扣课文，帮助学生复习课文、生词和重要语言点。教材附有多套测试题，可以检查学生对所学知识的掌握情况和所达到的阅读水平，并为教师编制阶段性考试试题提供样例参考。

同时，本教材配有课文的MP3录音，便于学生进行听力训练与模仿朗读训练。

此外，本教材还配有教师教学参考用书的电子版与生动的PPT，为广大教师在使用本教材时较规范合理地组织教学提供参考。欢迎使用本教材的广大教师免费下载电子版教参与PPT（http://www.pup.cn下载专区）。

另外，需要说明的是，澳大利亚留学生任梦琪、日本留学生一条松园、韩国留学生张舒斌分别负责教材生词的英文、日文与韩文翻译，对她们的热忱帮助，我们在此深表谢意。

《新编读报纸学中文——汉语报刊阅读》（初级）是北京师范大学"十二五"规划教材成果之一。在教材编写过程中，我们得到了北京师范大学汉语文化学院领导、同事和北京大学出版社的大力支持，在此一并致谢。

最后，感谢国内外同仁、朋友对本教材的关注及指正。同时，欢迎使用本教材的老师和学生多提宝贵意见，如有问题，可直接发送邮件至wucn2008@sina.com。

北京师范大学汉语文化学院　吴成年

2015年4月

目　录

第一课　说中国话、做中国菜的美国女孩 1

第二课　中华美食的回归 9

第三课　90后旅行消费报告：丽江最受欢迎　双鱼座最爱旅行 18

第四课　60%职场人都有夜生活　专家：要适度 28

第五课　城市"晚点族" 37

第一～五课单元测试题 47

第六课　你有手机依赖症吗 53

第七课　微博调查显示62%网友支持生二胎 63

第八课　混合家庭之礼 73

第九课　不当"直升机父母" 83

第十课　职场90后："我喜欢"更重要 92

第六～十课单元测试题 101

第十一课　中国女星到好莱坞学到什么 108

第十二课　"高铁外交"——中国外交新名片 117

第十三课　延迟退休是大势所趋 126

第十四课　"双十一"五年购物节折射商业生态链变化 135

第十五课　新时代农民工用精神食粮丰富生活 145

第十一～十五课单元测试题 155

第一～十五课总测试题 161

参考答案 168

词语总表 178

第一课 说中国话、做中国菜的美国女孩

背景知识

中国学生走出去，外国学生走进来，在中国，教育正朝这种方向发展。走在大学校园里，经常可以见到白皮肤、黑皮肤甚至黄皮肤的留学生，偶尔遇到外国来的学生不再是什么新鲜事。现在，中国正在进行"留学中国计划"。到 2020 年，来中国留学的外国学生数量可能会达到 50 万人，中国将成为亚洲吸引留学生最多的国家。

词语表

1. **典型** 　　　　　　　　　diǎnxíng　　（形）　　typical / な / 전형적인
   典型的好学生 / 他上课从来不迟到，听课也很认真，是个典型的好学生。

2. **产生** 　　**產生**　　　　chǎnshēng　（动）　　to arise, to produce / 発生する / 生じる / 생기다 / 발생하다
   产生感情 / 他们经常在一起学习，慢慢地产生了感情。

3. **浓厚** 　　**濃厚**　　　　nónghòu　　（形）　　strong / 深い / 強い / 짙다 / 깊다 / 강하다
   浓厚的兴趣 / 我对画画有着浓厚的兴趣。

4. **着迷** 　　**著迷**　　　　zháo mí　　　　　　　fascinate / 夢中になる / ～에 사로잡히다
   对……着迷 / 去中国旅行以后，我就对中国文化非常着迷。

5. **游览** 　　**遊覽**　　　　yóulǎn　　（动）　　to visit, to go sight-seeing / 遊覽する / 유람하다
   游览名胜古迹 / 来北京以后，我花了很多时间去游览名胜古迹。

6. **西式** 　　　　　　　　　xīshì　　　（形）　　western / 洋式 / 서양식
   西式教育 / 他在美国长大，接受的是典型的西式教育。

7	婚礼	婚禮	hūnlǐ	（名）	wedding 結婚式 결혼식 / 혼례

举行婚礼 / 他们将于下个月举行婚礼。

8	地道		dìdao	（形）	authentic 本場の 본고장의 / 진짜의

地道的中国菜 / 来中国以后，我才吃到了地道的中国菜。

9	中式		zhōngshì	（形）	Chinese style 中国式 중국식의

中式家具 / 最近几年，中式家具的价格比原来高多了。

10	传统	傳統	chuántǒng	（形）	traditional 伝統的な 전통적인

传统节日 / 春节是中国的传统节日。

11	退休		tuì xiū		to retire (from a job) 退職する 퇴직하다

提前退休 / 她身体不太好，所以提前退休了。

12	夫妇	夫婦	fūfù	（名）	couple, spouse 夫婦 부부

老夫妇 / 那对老夫妇的儿子在别的城市工作，他们非常想他。

13	夫人		fūrén	（名）	wife 夫人 부인

您（的）夫人 / 听说您的夫人是一位大学老师。

14	政治		zhèngzhì	（名）	politics 政治 정치

政治专业 / 他上大学时学的是政治专业。

15	欣赏	欣賞	xīnshǎng	（动）	to appreciate 鑑賞する 감상하다

欣赏京剧 / 中国朋友邀请我下周六和她一起去欣赏京剧。

16	感受		gǎnshòu	（动）	to feel 感じる 받다 / 느끼다

感受到压力 / 我现在感受到了很大的压力，因为马上就要毕业了，可是我还没找到工作。

17	魅力		mèilì	（名）	charm 魅力 매력

有魅力 / 我觉得那个女孩非常有魅力。

课文导入

1. 说说你对中国的了解。

2. 你有没有在中国留学的经历？如果有，请介绍一下。如果没有，请说说你以后打算去中国留学吗，为什么？

请根据意群阅读课文

说中国话、做中国菜的美国女孩

丁小希

马丽毕业于／一所美国大学。因为／在中国的留学经历，这个典型美国女孩／现在的生活，每天都与／中文、中国文化和中国人／有关。

马丽原来学的／是艺术专业，这让她／对中国汉字／产生了浓厚的兴趣。"中国字／真是／太美了，"马丽说，她从大学一年级／就开始学习中文，自己对／说汉语和写汉字／都非常着迷。

2005年夏天，马丽来到中国，在北京师范大学／学习中文。"我对中国文化／更感兴趣了。学习结束后，我游览了／西安和成都。"2009年，她再次／来到中国／学习中文，这次／她又去了／承德、苏州等地。

毕业后，马丽在一所美国大学／当中文老师，并／认识了／她现在的中国丈夫。2010年夏天，他们先在美国／举行了西式婚礼，又回到中国／举行了一场地道的中式传统婚礼。

马丽认为，自己在中国最棒的经历／是有机会／和中国人一起生活。"2009年／来中国学习时，我住在／一户退休的中国夫妇家。他们对我／很热情，我跟夫人常常一起喝茶、散步，跟先生聊政治。周末的时候，我们一起去公园。"

和一位中国人结婚后，马丽有更多的机会／说中文、读中国小说、欣赏中国艺术／以及做中国菜。她说："中国已经成为／我生命的一部分。"

马丽经常告诉／她的美国朋友，中国的许多方面／和他们听到的／并不一样，来中国以后／才能真正感受到／中国文化的魅力。

说中国话、做中国菜的美国女孩

马丽毕业于一所美国大学。因为在中国的留学经历，这个典型[1]美国女孩现在的生活，每天都与中文、中国文化和中国人有关。

马丽**原来**学的是艺术专业，这让她对中国汉字产生[2]了浓厚[3]的兴趣。"中国字真是太美了，"马丽说，她从大学一年级就开始学习中文，自己对说汉语和写汉字都非常着迷[4]。

2005年夏天，马丽来到中国，在北京师范大学学习中文。"我对中国文化更感兴趣了。学习结束后，我游览[5]了西安和成都。"2009年，她再次来到中国学习中文，这次她又去了承德、苏州等地。

毕业后，马丽在一所美国大学当中文老师，并认识了她现在的中国丈夫。2010年夏天，他们先在美国**举行**了西式[6]婚礼[7]，又回到中国举行了一场地道[8]的中式[9]传统[10]婚礼。

马丽认为，自己在中国最棒的经历是有机会和中国人一起生活。"2009年来中国学习时，我住在一户退休[11]的中国夫妇[12]家。他们对我很热情，我跟夫人[13]常常一起喝茶、散步，跟先生**聊**政治[14]。周末的时候，我们一起去公园。"

和一位中国人结婚后，马丽有更多的机会说中文、读中国小说、欣赏[15]中国艺术以及做中国菜。她说："中国已经成为我生命的一部分。"

　　马丽经常告诉她的美国朋友，中国的许多方面和他们听到的并不一样，来中国以后才能真正感受[16]到中国文化的魅力[17]。

（全文字数：约490字）

（节选自《人民日报》，2013年8月8日，略有改动）

词语例释

1 马丽**原来**学的是艺术专业，这让她对中国汉字产生了浓厚的兴趣。

原来：名词。意思是"以前，开始的时候"。

① 他家现在的经济状况比原来好多了。
② 我原来住在上海，现在住在北京。

2 2010年夏天，他们先在美国**举行**了西式婚礼，又回到中国举行了一场地道的中式传统婚礼。

举行：动词，意思是进行某种正式的活动，如会议、比赛等。

① 发布会将在下周三下午举行。
② 那个饭店非常漂亮，经常有人在那里举行婚礼。
③ 学校要举行篮球比赛，你参加吗？

3 他们对我很热情，我跟夫人常常一起喝茶、散步，跟先生**聊**政治。

聊：动词，意思是"闲谈"，就是在没事的时候谈话，是不太正式的谈话。可以说"聊聊""聊一聊"或"聊（聊）+话题"。

① 我还有事，不跟你聊了，先走了。
② 他们一见面就聊了起来。
③ 咱们聊聊中国电影吧，你喜欢中国电影吗？

报刊长句

1. 因为在中国的留学经历，这个典型美国女孩现在的生活，每天都与中文、中国文化和中国人有关。
   因为　　留学经历　　　　　女孩　的生活　　　与中文　中国文化和中国人有关

2. 2010年夏天，他们先在美国举行了西式婚礼，又回到中国举行了一场地道的中式传统婚礼。
   　　　　　他们先　　举行　西式婚礼　又　　举行　　　　中式婚礼

练习

一　给下列动词搭配适当的词语

产生 _____　　　游览 _____

欣赏 _____　　　感受 _____

二　选词填空

| 魅力　　传统　　浓厚　　典型　　退休　　地道 |

1. 再过两年我妈妈就要 _____ 了，那时她会有更多的时间做自己想做的事。
2. 他对中国文化有着 _____ 的兴趣，所以他经常来中国旅游。
3. 要想吃到 _____ 的烤鸭，还得去北京的全聚德。
4. 每个国家的文化都有着不同的 _____ ，让人们想要去了解。
5. 他是个 _____ 的南方人，说话、做事都具有南方人的特点。
6. 现在许多中国年轻人在结婚时喜欢穿 _____ 的中国服装。

三　用自己的话或原文中的关键句子概括下面一段话的主要内容

马丽认为，自己在中国最棒的经历是有机会和中国人一起生活。"2009年来中国学习时,我住在一户退休的中国夫妇家。他们对我很热情,我跟夫人常常一起喝茶、散步,跟先生聊政治。周末的时候,我们一起去公园。"

四 根据课文内容选出正确的答案

1. 根据课文,下面哪一项是错误的?(　　)
   A. 马丽学的是中文专业
   B. 马丽从大学一年级开始学习中文
   C. 马丽喜欢说汉语和写汉字
   D. 马丽对中国汉字有着浓厚的兴趣

2. 以下地方中,马丽没去过哪个?(　　)
   A. 苏州　　　B. 西安　　　C. 广州　　　D. 成都

3. 课文中提到马丽来过几次中国?(　　)
   A. 1次　　　B. 2次　　　C. 3次　　　D. 4次

4. 马丽现在住在哪里?(　　)
   A. 美国　　　B. 北京　　　C. 中国夫妇家　　　D. 不知道

5. 本文的主要内容是什么?(　　)
   A. 马丽为什么学中文
   B. 马丽的生活为什么与中文、中国有关
   C. 马丽为什么嫁给中国人
   D. 马丽为什么住在一户中国夫妇家

五 尽量用以下词语进行话题讨论

| 典型 | 产生 | 浓厚 | 着迷 | 地道 |
| 中式 | 传统 | 欣赏 | 感受 | 魅力 |

1. 你认识像马丽这样的人吗?请介绍一下。
2. 谈谈你为什么学汉语。

快速阅读

阅读一（字数：约510字；阅读与答题的参考时间：9分钟）

在华留学毕业生：继续我的"中国梦"

王 姣

7月，中国大多数大学毕业生都将离开学校，进入社会。而对于在中国的外国留学生来说，他们多数人毕业就代表着要离开中国，回到自己的国家，许多外国留学生在中国留下了未完成的"中国梦"。

"中国和我的家乡很不一样"，来自捷克的女孩Michaela在江西已学习了四个月，对于7月初就要回国的她来说，"中国还有很多好地方没去"，所以，Michaela决定毕业后去成都旅行。"我听说成都很漂亮，有熊猫。我还想去看看我的中文老师的家乡。"

芬兰女孩Katri也是一名快毕业的留学生。今天，她像平常一样，到学校附近买菜。Katri说："学语言的最好方式就是多和别人交流。在买菜的时候，我就有机会跟卖菜的阿姨多对话。"Katri小时候在上海住过3年，回国后又一直学中文，她最感兴趣的就是中国功夫与中国的茶文化。她希望毕业后能在中国找一份工作。

大眼睛、黑皮肤、短头发……美国女孩Lizzy走在学校里，总会吸引不少人回头。"我想在中国做一名英文教师，继续我的中国梦，"Lizzy说，她发现很多中国朋友都对英文很感兴趣。于是她开了一个英文辅导班，对儿童和少年进行英文辅导。"我的学生也教我中文，所以我的中文进步很快。"

现在，有越来越多的外国留学生来到中国学习。2012年，在中国学习的外国留学生高达32.8万人次，他们来自180多个国家和地区。

（节选自中国新闻网，2013年7月7日，略有改动）

回答问题

1. Michaela未完成的"中国梦"是什么？
2. Katri是怎样提高她的中文水平的？
3. Lizzy为什么要开英文辅导班？
4. 你有"中国梦"吗？你的"中国梦"是什么？

阅读二（字数：约530字；阅读与答题的参考时间：9分钟）

在华留学生毕业季来了：喜爱中国节日，回国要教汉语

吕子豪

"今天我们毕业了，有很多人很快就要离开中国，回到自己的祖国，但我们对中国的感情永远不毕业，我们爱中国！"河北大学2013届的俄罗斯留学生安娜这样说。

河北大学国际交流与教育学院的31名外国留学生就要毕业了。他们分别来自韩国、日本、俄罗斯、尼日利亚等6个国家。

安娜说，17岁时她和家人到北京旅行，听到街上的人们都在说中国话，自己便决定要学汉语。2008年，她和妹妹一起来到河北大学学习汉语。"我在这里生活了5年。除了学习，我还学会了做中国菜和包饺子。我更喜欢中国的节日，端午节包粽子，八月十五吃月饼，春节放鞭炮、吃饺子，丰富而有趣。"

安娜在中国还收获了爱情。"来中国以前，男朋友和我虽然在俄罗斯的同一个城市生活，但从来没有见过面。在河北大学留学的时候，我们才相互认识、相互喜欢。"

谈到未来，安娜说，她会首先考虑留在中国，她希望能找到一份工作。妹妹则打算暂时回俄罗斯当汉语老师。

来自日本的深水嘉彦也有相同的感觉。他说，中国发展很快，希望回国后找一份能经常来中国的工作。

蒙古国的萨仁高娃说，在自己祖国的小学到大学阶段，汉语是一门主要课程，"回国后我要当一名汉语教师，介绍我热爱的中国和中国文化。"

现在，每年来河北大学学习的留学生有300多名，他们来自50多个国家，分别学习中文、新闻、经济、管理等专业。

（节选自中国新闻网，2013年6月23日，略有改动）

判断正误

1. 河北大学一共有31名外国留学生。（　　）
2. 2008年，安娜和妹妹第一次来中国。（　　）
3. 安娜觉得中国的节日很多，而且都很有意思。（　　）
4. 来自日本的深水嘉彦想留在中国工作。（　　）
5. 蒙古国的萨仁高娃非常喜欢中国文化。（　　）

第二课　中华美食的回归

背景知识

　　在中国文化中，"吃"不只是吃饭那么简单。每个中国人都能记住妈妈做的菜的味道，回忆中也都有和"吃"有关的故事。这样的回忆，不会因为时间、地点的改变而减少。吃，是每个中国人都会想起的，与自己、家庭甚至文化有关的一种回忆。在国外生活的中国人，在自己做饭的时候，也会想起家的味道，感受到浓浓的中国文化。

词语表

1. 回归　　　回歸　　huíguī　　（动）　　to return
   回归自然 / 人们越来越希望回归自然。
   回帰する
   회귀하다 / 돌아가다

2. 快餐　　　　　　　kuàicān　　（名）　　fast food
   快餐店 / 我经常去那家快餐店吃饭。
   ファーストフード
   패스트 푸드 / 즉석 음식

3. 表现　　　表現　　biǎoxiàn　　（动）　　to perform
   表现得很好 / 那名足球运动员在比赛中表现得很好。
   表現する
   표현하다 / 행하다

4. 华裔　　　華裔　　huáyì　　（名）　　foreign citizens of Chinese ethnic background
   华裔演员 / 听说那个华裔演员演的电影在中国很受欢迎。
   華人 / 移住先の国籍を得とくした中国系の住民
   화교의 자녀

5. 祖国　　　祖國　　zǔguó　　（名）　　mother country
   热爱祖国 / 当然，每个人都热爱自己的祖国。
   祖国
   조국

6. 想念　　　　　　　xiǎngniàn　　（动）　　to remember with longing
   想念家人 / 我在中国留学，有时很想念家人。
   想う
   그리워하다

#	简体	繁體	拼音	词性	释义
07	曾经	曾經	céngjīng	(副)	once upon a time / かつて / 이전에 / 일찍이
	曾经很喜欢唱歌 / 我曾经很喜欢吃辣的。				
08	厨师	廚師	chúshī	(名)	chief / 料理人 / 요리사
	当一名厨师 / 这儿的厨师不错,做菜很好吃。				
09	失业	失業	shī yè		to lose one's job, to become unemployed / 失業する / 직업을 잃다 / 실업하다
	有可能失业 / 最近经济情况很不好,有的人可能会失业。				
10	家庭		jiātíng	(名)	family / 家庭 / 가정
	家庭环境 / 每个人的家庭环境不一样,所以生活习惯也不一样。				
11	状况	狀況	zhuàngkuàng	(名)	circustances, a state of being / 状況 / 상황 / 상태
	健康状况 / 我最近健康状况不是太好,经常感冒。				
12	唐人街		tángrénjiē	(名)	chinatown / 中華街 / チイナタワソ / 차이나타운 / 중국인 거리
	他家离唐人街很近。				
13	对于	對於	duìyú	(介)	in regards to, in relation to / ～に対して / ～에 대해
	对于……来说 / 对于来北京工作的人来说,在北京生活的压力有点儿大。				
14	采购	採購	cǎigòu	(动)	to go shopping / 購入する / 仕入れる / 구입하다
	采购蔬菜 / 你们的原料是在哪儿采购的?				
15	靠		kào	(动)	to rely on / 頼る / 기대다 / 의거하다
	靠打工挣钱 / 我要靠自己,不想靠父母。				
16	同时	同時	tóngshí	(名)	at the same time / 同時に / 동시에
	在……的同时 / 在努力学习的同时,你也要多锻炼身体。				
17	有利		yǒulì	(形)	be beneficial for / 有利でをる / 유리(유익)하다
	对……有利 / 多和中国人聊天儿,这对学习汉语有利。				
18	以来	以來	yǐlái	(名)	ever since / 以来 / 이래 / 동안
	自……以来 / 自上大学以来,我就开始学习汉语。				
19	生长	生長	shēngzhǎng	(动)	to grow up and live in...

生长在北京／我从小生长在北京。

成長する

성장하다

| 20 | 接触 | 接觸 | jiēchù | （动） |

接触社会／毕业以后我们就要走出学校、接触社会了。

to encounter, come into contact with

接触する

접촉하다

| 21 | 组成 | 組成 | zǔchéng | （动） |

组成家庭／我不想过早组成家庭。

to compose, to form

組み合わせる

구성하다 / 조직하다

| 22 | 清淡 | | qīngdàn | （形） |

清淡的菜／我比较喜欢清淡的菜。

fragrant and light in flavour

あっさり／さっぱり

담백하다 / 연하다

| 23 | 均衡 | | jūnhéng | （形） |

均衡地发展／一个国家的经济需要均衡地发展。

balanced

均衡的に

고르다 / 균형이 잡히다

| 24 | 香蕉人 | | xiāngjiāorén | （名） |

我们把出生在国外、黄皮肤的华人称为"香蕉人"。

foreign citizens of Chinese ethnic background

西洋化された在外中国人の2.3せ

의식과 언어 등이 서양화된 중국인 2세 3세

专有名词

香港　　　　　　Xiānggǎng　　　　　　Hongkong

ホンコン

홍콩

课文导入

1. 在你们国家，中餐馆多吗？

2. 你喜欢吃中餐吗？为什么？

请根据意群阅读课文

中华美食的回归

高双骥

　　最近，在美国的中国人／不再每天吃快餐，而是开始／自己做饭。回归中华美食的过程，不仅省钱、对健康有好处，也表现出了／华裔对祖国的想念。

67岁的王先生 / 来自香港，他最近开始 / 自己买菜做饭。在香港时，王先生曾经是 / 一名厨师。2009年，王先生退休，妻子失业，家庭经济状况 / 并不好。为了少花钱，王先生每天 / 都去唐人街买菜，自己做饭，又好吃又健康。

王先生说，他一家7口人，自己做饭的话，每天只花35美元，比在外面吃 / 便宜多了。当然，放弃快餐，自己做饭，需要时间、耐心 / 和做饭的经验。对于 / 来自美食大国的华裔来说，从采购到做饭 / 都靠自己，并不难。在 / 吃到熟悉的中国菜 / 的同时，又能省钱，又有利健康，有什么不好的呢？

一直以来，快餐文化 / 因为方便、便宜 / 吸引着人们。许多生长在美国的华裔 / 从小就接触 / 美国的快餐文化，已经习惯了 / 由快餐组成的 / "5分钟午饭"。但 / 快餐对健康 / 有着非常不好的影响，确实没有 / 清淡均衡的中华美食 / 健康。

在外国的华裔，通过做饭，可以感受到中国文化，这是一种 / 新的、丰富的经历。不管是 / 现在生活在外国的 / 中国人，还是 / 生长在外国的 / "香蕉人"，在 / 回归中华美食 / 的同时，也和祖国 / 离得更近了。

中华美食的回归[1]

最近，在美国的中国人不再每天吃快餐[2]，而是开始自己做饭。回归中华美食的过程，不仅省钱、对健康有好处，也表现[3]出了华裔[4]对祖国[5]的想念[6]。

67岁的王先生来自香港，他最近开始自己买菜做饭。在香港时，王先生曾经[7]是一名厨师[8]。2009年，王先生退休，妻子失业[9]，家庭[10]经济状况[11]并不好。为了少花钱，王先生每天都去唐人街[12]买菜，自己做饭，又好吃又健康。

王先生说，他一家7口人，自己做饭的话，每天只花35美元，比在外面吃便宜多了。当然，放弃快餐，自己做饭，需要时间、耐心和做饭的经验。对于[13]来自美食大国的王先生来说，从采购[14]到做饭都靠[15]自己，并不难。在吃到熟悉的中国菜的同时[16]，又能省钱，又有利[17]健康，有什么不好的呢？

一直以来[18]，快餐文化因为方便、便宜吸引着人们。许多生长[19]在美国的华裔从小就接触[20]美国的快餐文化，已经习惯了由快餐组成[21]的"5分钟午饭"。但快餐对健康有着非常不好的影响，确实没有清淡[22]均衡[23]的中华美食健康。

在外国的华裔，通过做饭，可以感受到中国文化，这是一种新的、丰富的经历。不管是现在生活在外国的中国人，还是生长在外国的"香蕉人"[24]，在回归中华美食的同时，也和祖国离得更近了。

（全文字数：约460字）

（节选自《人民日报》（海外版），2013年9月13日，略有改动）

词语例释

1 当然，**放弃**快餐，自己做饭，需要时间、耐心和做饭的经验。

放弃：动词，意思是"丢掉（原来的打算、权利、意见等）"。"放弃"一般是自愿做出的，宾语一般是抽象名词。

① 为了和女朋友在一起，他放弃了这次学习的机会。
② 这份工作，我不想放弃。
③ 如果我期末考试不及格，咱们就只能放弃这次旅行计划了。

2 在吃到**熟悉**的中国菜的同时，又能省钱，又有利健康，有什么不好的呢？

熟悉：动词，意思是"了解得清楚、清楚地知道"。宾语可以是人，也可以是环境、情况等。

① 我对他非常熟悉，因为我们已经认识好几年了。
② 我刚来中国，还不太熟悉这里的情况。
③ 熟悉中国的人都知道，中国人最喜欢红色。

3 但快餐对健康有着非常不好的影响，**确实**没有清淡均衡的中华美食健康。

确实：副词。用来表示对客观情况的真实性的肯定，可以用在句子的最前面。也可以说"确确实实"。

① 来中国以后，我的汉语确实进步很大。
② 确实，他唱歌唱得比我好。
③ 那样的事确确实实发生过，我没有骗你。

报刊长句

1. 回归中华美食的过程，不仅省钱、对健康有好处，也表现出了华裔对祖国的想念。
     过程 省钱 有好处 表现   想念
2. 许多生长在美国的华裔从小就接触美国的快餐文化，已经习惯了由快餐组成的"5分
     华裔 接触 快餐文化 习惯了   "5分
钟午饭"。
钟午饭"

练习

一 给下列动词搭配适当的词语

回归 _____   想念 _____

靠 _____   组成 _____

二 选词填空

| 曾经 | 表现 | 失业 | 有利 | 同时 | 采购 | 接触 |

1. 这几年国家的经济情况不太好，不少人都_____了。

2. 她在上学的_____，还经常在外面打工。

3. 我_____到的朋友都很喜欢看足球比赛。

4. 多吃蔬菜对你的健康_____。

5. 冰箱里什么东西都没有了，明天我要去超市大_____。

6. 大卫_____在中国学习过一段时间，所以他的汉语比我说得好。

7. 这篇文章_____了作者对母亲的想念。

三 用自己的话或原文中的关键句子概括下面一段话的主要内容

　　一直以来，快餐文化因为方便、便宜吸引着人们。许多生长在美国的华裔从小就接触美国的快餐文化，已经习惯了由快餐组成的"5分钟午饭"。但快餐对健康有着非常不好的影响，确实没有清淡均衡的中华美食健康。

　　在外国的华裔，通过做饭，可以感受到中国文化，这是一种新的、丰富的经历。不管是现在生活在外国的中国人，还是生长在外国的"香蕉人"，在回归中华美食的同时，也和祖国离得更近了。

四 根据课文内容选出正确的答案

1. 请联系上下文，解释第一段中"回归中华美食"的含义：（　　）

　　A. 华裔在国外去中餐馆吃饭　　　　B. 华裔在国外只吃中国菜

　　C. 华裔在国外学习做中国菜　　　　D. 华裔在国外自己做饭

2. 关于王先生，哪一项课文中没有提到？（   ）

    A. 他2009年从香港去美国　　　　B. 他原来是一名厨师

    C. 他已经退休了　　　　　　　　D. 他现在每天自己做饭

3. 以下哪一项不是在海外生活的华裔自己做饭的好处？（   ）

    A. 省钱　　　　　　　　　　　　B. 有利健康

    C. 方便　　　　　　　　　　　　D. 可以感受到中国文化

4. 本文的主要内容是什么？（   ）

    A. 在海外的华裔喜欢去中餐馆

    B. 在海外的华裔开始自己在家做饭

    C. 在海外的华裔都会做中国菜

    D. 在海外的华裔很了解中国文化

五　尽量用以下词语进行话题讨论

快餐	想念	状况	同时	靠
祖国	曾经	对于	有利	生长

1. 你去中餐馆吃过饭吗？你觉得中国菜怎么样？
2. 如果你在国外生活，你会自己做饭吗？为什么？

快速阅读

阅读一（字数：约510字；阅读与答题的参考时间：9分钟）

海外华裔帮助推广中华美食

高双骥

现在，国外出现了越来越多的中餐馆。中餐在世界各地受到了热烈的欢迎，这离不开华裔的推广宣传。

64岁的戴维·陈就非常喜欢中华美食。居住在美国的他品尝过的中餐馆数量已经超过

6000家。虽然差不多已经吃遍美国，戴维·陈对洛杉矶当地的中餐馆却最为熟悉。只要说出洛杉矶市任何一条街的名字，他就能在很短时间内说出一家不错且距离不远的中餐馆。戴维·陈对中餐馆的熟悉让他很有名，别人经常问他哪家餐馆好，一些美食网站也邀请他写美食文章。

年轻的华裔们从小在中国和外国的文化环境中长大，也能更好地推广中华美食。在美国长大的华裔魏贝珊（Clarissa Wei），受家庭影响，非常喜欢中华美食。她平时经常在网上发表美食文章。在CBS电视台工作时，她还带美食节目主持人去了许多中餐馆。魏贝珊在电视节目中经常介绍广东的点心，让西方观众知道"凤爪"就是鸡爪。魏贝珊说，她很愿意以这种方式推广中华美食。

年轻的华人夫妻沈卫与李春也喜爱美食，他们建立了一个与美食有关的网站。他们经常在网上介绍各种美食，也会通过网站寻找有同样兴趣的朋友一起去中餐馆吃饭。国外的华裔在进入当地社会的同时，也传播着中华传统美食和风俗习惯。"我喜欢吃，喜欢交朋友，喜欢办活动，现在我把三个兴趣结合在了一起。" 李春说。

（节选自《人民日报海外版》，2013年8月23日，略有改动）

回答问题

1. 为什么戴维·陈对洛杉矶的中餐馆特别熟悉？
2. 魏贝珊以什么样的方式推广中华美食？
3. 沈卫与李春是怎样推广中华美食的？
4. 这篇文章的主要内容是什么？（　　）
    A. 在国外的华裔经常去中餐馆吃饭
    B. 在国外的华裔开了很多中餐馆
    C. 在国外的华裔用各种方法让中餐更受欢迎
    D. 在国外的华裔都很喜欢中餐

阅读二（字数：约580字；阅读与答题的参考时间：10分钟）

海外出现"中餐热"

杨　宁　林　灏

世界各地都有"中华美食"

一位澳大利亚人说："我在很小的时候就吃过饺子和炒饭，我家附近居住着很多中国人，我已经吃惯了中国菜。我不仅经常去中餐馆，我自己还会做一些中国菜，也喜欢请朋友来尝尝。"另外一对英国夫妇表示，在中餐馆中有着品种丰富的中国菜，比英国菜更让他们喜爱。

现在的一些外国孩子也特别喜欢中餐。据说，为了吃一次中餐，美国一名6岁男孩自己开着家里的汽车走了3公里，直到被其他司机拦住才停下来。

越来越多的"美食推广领导者"

不久前，一位华裔年轻人在美国硕士毕业后，放弃继续读书的机会，决定帮助家里管理中餐馆，他希望好吃的中式早点、中式面食能被美国人接受。

出生在美国的华裔蔡明豪是美国很受欢迎的厨师之一，在他的美食节目中，他介绍了中西餐结合的做法，同时还告诉观众吃饭不能太饱、喝茶对身体有好处等"中式健康法"。

在赞比亚首都卢萨卡，刘大妈中餐馆卖的包子是非常有名的小吃。这不仅受到了在赞比亚生活的华裔的欢迎，就连当地人也非常喜欢。

"质量、文化"一个不差

过去，"吵"一直是外国人对中餐馆的印象。如今，这种所谓的"吵"已经慢慢被外国人接受——应该把它理解为"热闹"。许多在中餐馆吃饭的外国人，也双手端起了小酒杯，喝起了白酒。他们认为，这才真正体会到了中国文化。中餐文化展现出了中国人的"热情好客"。

在使中餐越来越被外国人接受的同时，也应让外国人通过"中华美食"文化，了解真正的"中国文化"。但这条路还很长。

（节选自《人民日报海外版》，2013年5月10日，略有改动）

判断正误

1. 澳大利亚、英国和美国都有中餐馆。　　　　　　　　　　　　　　　　　　　（　　）
2. 蔡明豪在电视节目中只介绍传统中餐的做法。　　　　　　　　　　　　　　　（　　）
3. 在赞比亚首都卢萨卡，只有华裔喜欢吃刘大妈中餐馆卖的包子。　　　　　　　（　　）
4. 许多外国人觉得，喝白酒是中国文化的一部分。　　　　　　　　　　　　　　（　　）
5. 这篇文章讲的是外国人通过"中华美食"文化，已了解了真正的"中国文化"。（　　）

第三课　90后旅行消费报告：丽江最受欢迎　双鱼座最爱旅行

背景知识

很多90后、曾经的"小孩儿"都已慢慢长大成人。2010年，1991、1992年出生的90后们开始了他们的大学生活。在国内外的许多旅游景点，也出现了越来越多的90后。这一群"新新人类"喜欢去哪些地方？喜欢哪一种旅行？通过调查，我们走进了90后的世界。

词语表

1. **90后**　90後　jiǔlínghòu　（名）　the generation born after the 1990's
   一个90后 / 我认识一个90后，他经常去各地旅行。
   1990年より後に生まれた世代
   90년 이후에 태어난 세대, 사람

2. **消费**　消費　xiāofèi　（动）　to buy, to consume
   消费者 / 现在很多商店经常打折，希望吸引更多的消费者。
   消費する
   소비하다

3. **报告**　報告　bàogào　（名）　report
   写一份报告 / 今天晚上我要加班写一份报告。
   報告書
   보고서

4. **某**　　mǒu　（代）　certain, some
   某些方面 / 我在某些方面做得还不够好，比如我常常迟到。
   ある / なんらかの
   어느 / 모

5. **发布**　發佈　fābù　（动）　to issue or release information
   发布消息 / 某网站发布消息说，那名女演员又和男朋友分手了。
   発布する / 公表する
   선포, 발포하다

6. **方式**　　fāngshì　（名）　method
   说话的方式 / 我不太喜欢他说话的方式，就好像他知道所有的事。
   形式 / 方式 / やり方
   방식

7. **高峰**　　gāofēng　（名）　peak
   下班高峰 / 今天我回来的时候又赶上下班高峰，车上人特别多。
   最高潮
   최고점

8	目的地		mùdìdì	(名)	destination
	旅行的目的地 / 我们这次旅行的目的地是丽江。				目的地
					목적지

9	频率	頻率	pínlǜ	(名)	frequency
	频率很高 / 他出去旅行的频率很高,一年大概有四五次。				頻度
					빈도

10	占	佔	zhàn	(动)	to take up, to occupy
	占了大量时间 / 他有点儿懒,在他的生活中,睡觉占了大量时间。				占める
					차지하다 / 처하다

11	自由行		zìyóuxíng	(动)	individual traveling
					個人旅行
					배낭여행

12	跟团游	跟團遊	gēntuányóu	(动)	traveling with tourist group, package tour
					団体旅行
					패키지여행 / 단체 여행

13	热门	熱門	rèmén	(形)	popular, in high demand
	热门专业 / 这些年,经济是个热门专业。				人気な / ホットな
					인기있는 / 유행하는

14	特色		tèsè	(名)	speacialty, distinguishing feature, characteristic
	有中国特色 / 这件家具很有中国特色。				特色
					특색

15	客栈	客棧	kèzhàn	(名)	inn
	住客栈 / 宾馆太贵了,我们还是住客栈吧。				旅館
					여인숙

16	开放	開放	kāifàng	(动)	be open to (the public, etc.)
	对外开放 / 那座图书馆的资料开始对外开放了。				開放する
					개방하다

17	平均		píngjūn	(形)	average
	平均工资 / 我的工资还没有全市平均工资高呢。				平均的な
					평균의

18	的确	的確	díquè	(副)	indeed
	的确不知道 / 对不起,我的确不知道上课的时间改了。				的確に
					정말 / 확실히

19	星座		xīngzuò	(名)	star sign, zodiac
	十二个星座 / 一共有十二个星座,你的星座是哪一个?				星座
					별자리

专有名词

1. 双鱼座　　　雙魚座　　　Shuāngyú Zuò　　　Pisces
魚座
물고기자리

2. 摩羯座　　　　　　　　　Mójié Zuò　　　　　Capricorn
山羊座
양자리

3. 天蝎座　　　　　　　　　Tiānxiē Zuò　　　　Scorpio
蠍座
전갈자리

4. 处女座　　　處女座　　　Chǔnǚ Zuò　　　　Virgo
乙女座
처녀자리

课文导入

1. 你喜欢去哪里旅行？

2. 你觉得一个人旅行的习惯和星座有关系吗？为什么？

请根据意群阅读课文

90后旅行消费报告：丽江最受欢迎　双鱼座最爱旅行

欧阳小抒

90后毕业旅行爱去丽江

最近，某网站／发布了一份／关于中国90后的／旅行特点和消费方式／的报告。根据报告，90后每年旅行／1～3次，每年的旅行高峰／在一二月和六七月／这两个寒假、暑假时间。而最受90后欢迎的目的地／是丽江。

旅行频率高　一年1～3次

根据报告，90后经常出去旅行。一年旅行1～3次的／占74%，旅行3～5次的／占20%，还有6%的人／一年旅行5次以上。

在旅行方式上，超过70%的90后／选择自由行，另外有20%多／选择了跟团游。同时，选择和朋友一起旅行的／也不少。

最热门的目的地

在旅行目的地上，最受90后欢迎的十个地方／分别是丽江、成都、杭州、北京、三亚、长沙、桂林、西安、南京、厦门。

其中，丽江有各种各样／很有特色的客栈，许多毕业生／都喜欢和同学一起／来这里。而美食和漂亮的成都女孩，也使成都／很受学生欢迎。杭州西湖免费开放，吸引了／大量经济条件一般的学生。

超过50%／平均旅行消费1500元

在消费水平上，90后平均旅行消费1500元以下的／占51%，1500元～3000元的／占28%，还有21%／高于3000元。可以看出，90后在旅行上／的确没少花钱。

不同的星座／往往有不同的性格爱好，而90后中最爱旅行的／是双鱼座，占34.8%，其次是13.4%的摩羯座／和12.3%的天蝎座。而最不爱旅行的／是处女座，只占3.8%，排在最后。

90后⁽¹⁾旅行消费⁽²⁾报告⁽³⁾：丽江最受欢迎　双鱼座最爱旅行

90后毕业旅行爱去丽江

最近，某⁽⁴⁾网站发布⁽⁵⁾了一份关于中国90后的旅行特点和消费方式⁽⁶⁾的报告。根据报告，90后每年旅行1～3次，每年的旅行高峰⁽⁷⁾在一二月和六七月这两个寒假、暑假时间。而最受90后欢迎的目的地⁽⁸⁾是丽江。

旅行频率⁽⁹⁾高　一年1～3次

根据报告，90后经常出去旅行。一年旅行1～3次的占⁽¹⁰⁾74%，旅行3～5次的占20%，还有6%的人一年旅行5次以上。

在旅行方式上，超过70%的90后选择自由行⁽¹¹⁾，另外有20%多选择了跟团游⁽¹²⁾。同时，选择和朋友一起旅行的也不少。

最热门⁽¹³⁾的目的地

在旅行目的地上，最受90后欢迎的十个地方分别是丽江、成都、杭州、北京、三亚、长沙、桂林、西安、南京、厦门。

其中，丽江有各种各样很有特色⁽¹⁴⁾的客栈⁽¹⁵⁾，许多毕业生都喜欢和同学一起来这里。而美食和漂亮的成都女孩，也使成都很受学生欢迎。杭州西湖免费开放⁽¹⁶⁾，吸引了大量经济条件一般的学生。

超过50% 平均⁽¹⁷⁾旅行消费1500元

在消费水平上，90后每年平均旅行消费1500元以下的占51%，1500元～3000元的占

28%,还有21% 高于 3000元。可以看出,90后在旅行上的确[18]没少花钱。

不同的星座[19]往往有不同的性格爱好,而90后中最爱旅行的是双鱼座,占34.8%,其次是13.4%的摩羯座和12.3%的天蝎座。而最不爱旅行的是处女座,只占3.8%,排在最后。

(全文字数:约480字)

(节选自云南网,2013年6月13日,略有改动)

词语例释

1. 在旅行方式上,超过70%的90后选择自由行,另外有20%多选择了跟团游。

   选择:动词。意思是"从多个对象中进行选取、挑选",对象可以是具体的,也可以是抽象的。

   ① 马上就要开学了,你打算选择哪门课?
   ② 到中国留学,选择哪所学校比较好?

2. 杭州西湖免费开放,吸引了大量经济条件一般的学生。

   吸引:动词。意思是"把事物或别人的注意力引到自己这方面来;吸收引进"。对象可以是人,也可以是注意力、人才等。

   ① 中国文化深深地吸引着我。
   ② 她一走进来,就吸引了屋里所有人的注意力。
   ③ 为了吸引人才,那家公司想了很多办法。

3. 在消费水平上,90后平均旅行消费1500元以下的占51%,1500元～3000元的占28%,还有21%高于3000元。

   高于:比……高。

   ① 他学习很好,考试成绩一直高于90分。
   ② 天气预报说,明天的温度高于0度。

报刊长句

根据报告，90后每年旅行1～3次，每年的旅行高峰在一二月和六七月这两个寒假、暑假时间。

练 习

一 给下列动词搭配适当的词语

发布 _____   _____ 开放

占 _____   _____ 消费

二 选词填空

> 方式　频率　热门　的确　平均　特色　高峰

1. 这是现在最_____的节目，我和我的朋友每周五都看。

2. 我不喜欢晚睡晚起的生活_____。

3. "给力"是中国人使用_____很高的一个词。

4. 咱们快点儿回家吧，要是赶上下班_____，就又要堵车了。

5. 这次咱们班考试的_____分数是89.5分。

6. 你能不能给我介绍一种在你们国家最有_____的美食？

7. 那件事我_____告诉你了，是你忘了吧？

三 用自己的话或原文中的关键句子概括下面一段话的主要内容

在消费水平上，90后平均旅行消费1500元以下的占51%，1500元～3000元的占28%，还有21%高于3000元。可以看出，90后在旅行上的确没少花钱。

不同的星座往往有不同的性格爱好，而90后中最爱旅行的是双鱼座，占34.8%，其次是13.4%的摩羯座和12.3%的天蝎座。而最不爱旅行的是处女座，只占3.8%，排在最后。

四 根据课文内容选出正确的答案

1. 下面哪一项是错误的？（　　）

   A. 大部分90后每年旅行1～3次

   B. 大部分90后选择自由行

   C. 大部分90后在寒假、暑假时去旅行

   D. 大部分90后旅行时选择跟团游

2. 下面哪一项不是该热门目的地吸引90后的原因？（　　）

   A. 丽江——有特色的客栈

   B. 西湖——免费开放

   C. 丽江——花钱少

   D. 成都——美食和漂亮的女孩

3. 关于旅行消费，下面哪一项是正确的？（　　）

   A. 90后在旅行时花钱不少

   B. 90后在旅行时平均消费在1500元以下

   C. 90后在旅行时平均消费不会高于3000元

   D. 以上都是正确的

4. 以下星座中，从最喜欢旅行到最不喜欢旅行，排序正确的是：（　　）

   A. 双鱼座、天蝎座、摩羯座、处女座

   B. 处女座、天蝎座、摩羯座、双鱼座

   C. 处女座、摩羯座、天蝎座、双鱼座

   D. 双鱼座、摩羯座、天蝎座、处女座

5. 本文的主要内容是什么？（　　）

   A. 最受90后欢迎的热门目的地

   B. 90后的旅行特点和消费方式

C. 90后旅行时的平均消费

D. 90后中最喜欢旅行的星座

五 请尽量用以下词语进行话题讨论

的确	热门	占	特色	高峰
方式	消费	某	目的地	开放

1. 请介绍你的一次旅行，或者以后你想去的地方。
2. 你喜欢什么样的旅行方式？为什么？

快速阅读

阅读一（字数：约570字；阅读与答题的参考时间：10分钟）

"剩女"一起旅行 "闺蜜游"受欢迎

孙娓娓　祁雯

"我们几个老姐妹，都退休在家没事了。平时我们经常参加旅行团，老姐妹几个一起出去玩。"今年65岁的张阿姨说，和老姐妹旅行的好处是，大家都是认识多年的朋友了，在一起总有说不完的话。而且大家年龄差不多大，聊的一些事情也是大家都有兴趣的。现在，不仅是老年朋友、"剩女"喜欢组织"女游团"，年轻姑娘们的"闺蜜游"也不少。

莹子今年刚刚大学毕业，没有留在上海发展，而是选择了回到故乡。莹子说，不少原来玩得不错的同学，都留在了大城市，只有几个还能经常见面，现在她们一有时间就一起去旅行。因为刚刚工作，莹子和朋友们能花在旅行上的钱不多，所以比较近的地方成了她们的第一选择。虽然不像上学时有那么多放假的时间，但是莹子也和朋友们去了不少地方。

和大部分90后一样，在莹子看来，和爸妈出去玩虽然什么事都不用她操心，但是到处看风景的旅行有些没意思，而和朋友们一边玩一边吃，对她来说更有吸引力。"对我们三个来说，旅行中最有意思的就是寻找当地的小吃，吃饭花的钱总是最多。"莹子告诉记者，每次在选择旅行地点的时候，风景不重要，哪里好吃的东西多她们就往哪里去。

"现在我们三个工作都很忙，有时候几个星期才能见一面，所以我们正在计划明年国庆节的旅行，一定要好好玩一次，丽江是我们都想去的地方。"莹子说，她们几个现在都还没有男朋友，要是能在丽江遇见自己的另一半，那就更好了。

（节选自中国新闻网，2013年7月7日，略有改动）

回答问题

1. 张阿姨为什么喜欢和老姐妹一起旅行？
2. 莹子和她的朋友们经常选择什么样的地方去旅行？
3. 请用自己的话概括莹子和朋友们新的旅行计划。
4. 这篇文章介绍了什么样的旅行方式？

阅读二（字数：约530字；阅读与答题的参考时间：9分钟）

"游乐族"多次旅行的背后

饶方婧

经常出去旅行，"游乐族"们不用上班吗？他们是怎样既完成工作、又享受生活的呢？带着这些问题，记者访问了几位"游乐族"。

早起晚睡　提前做完工作

"别人总是羡慕我们，觉得我们好像有很多时间出去玩。但他们不知道，为了旅行，我们提前做了多少准备。""游乐族"中的一员"黑小黑"说，她每年下半年都能出去旅行三次以上，因为整个上半年，她都在加班，就是为了提前完成工作任务。

"基本每天工作，经常加班到夜里一两点，然后早上五六点就起床上班。""黑小黑"说，靠这样加班，她才为下半年换来了20多天的假期用来旅行。

这样就挺好　不想买好房好车

朱武伟说，以前工作就是他生活的一切。然而与朋友的一次周末旅行，让他爱上了大自然。于是，朱武伟决定改变自己的生活。

"挣的钱够用就行了"，朱武伟说，他现在的工资不比原来的高，但他觉得没关系，"我不打算存钱，也没想开好车，住好房，我想要的是精神上的满足。"

工作旅行同时进行

"我能经常'飞'国外，是因为工作需要。"李先生说，他每年都要出国三四次。韩国、印度、巴基斯坦、越南、新加坡……公司的产品卖到哪儿，他就需要去哪儿。

李先生说，借着出国的机会，工作结束之后，他就会到当地不同的地方游览，去体会不同的生活文化。"在挣钱的过程中，我就走遍了各地，工作、旅行同时进行。"

（节选自华龙网，2013年11月6日，略有改动）

判断正误

1. "游乐族"是指那些只旅行、不工作的人们。（　　）
2. "黑小黑"为了出去旅行，她会提前完成工作。（　　）

选择正确的答案

1. 朱武伟现在的工资和原来的工资哪个更高？（　　）

   A. 现在的工资 > 原来的工资

   B. 现在的工资 < 原来的工资

   C. 现在的工资 ≥ 原来的工资

   D. 现在的工资 ≤ 原来的工资

2. 下面哪一项是正确的？（　　）

   A. 朱武伟的工作就是他现在生活的一切

   B. 朱武伟不太喜欢自己现在的生活

   C. 李先生能经常出国，是因为他在国外工作

   D. 李先生可以一边挣钱，一边旅行

3. 这篇文章的主要内容是什么？（　　）

   A. "游乐族"可以经常出去旅行的原因

   B. "游乐族"需要工作的原因

   C. 人们羡慕"游乐族"的原因

   D. "游乐族"喜欢出去旅行的原因

第四课　60%职场人都有夜生活　专家：要适度

背景知识

随着职场人生活水平的提高，放松方式也一直在改变，人们的夜生活变得越来越丰富。忙于工作的职场人夜生活都做些什么？上了一天班之后，他们会选择什么样的方式让自己放松下来呢？是早早回家洗洗睡了，还是到酒吧、KTV、健身中心等地方玩到半夜呢？职场人的夜生活有多少是和工作有关的呢？职场人的夜生活到底对工作有多大影响呢？我们一起来看看吧！

词语表

1. 职场人　　職場人　　zhíchǎngrén　　（名）　　worker / 社会人 / 직장인
   成为职场人 / 毕业后，她成为了职场人，每天都很努力地工作。

2. 夜　　　　　　　　　yè　　　　　　（名）　　night time / 夜 / 밤
   半夜 / 昨天有人半夜给我打电话，真讨厌！

3. 专家　　　專家　　　zhuānjiā　　　（名）　　expert / 專門家 / 전문가
   动物专家 / 他从小就喜欢动物，希望长大以后可以成为一名动物专家。

4. 适度　　　適度　　　shìdù　　　　（形）　　moderate, proportionate / 適度 / 적당하다
   适度的压力 / 适度的压力可以让人们变得更积极。

5. 显示　　　顯示　　　xiǎnshì　　　（动）　　to show, to reveal or to display / 明らかに現す / 뚜렷하게 나타내보이다
   显示才能 / 工作两年以后，他慢慢显示出优秀的专业才能。

6. 应酬　　　應酬　　　yìngchou　　　（动）　　social engagement, outings / 応接する / 응대 / 접대
   减少应酬 / 有个朋友来北京，我要应酬一下。

7	休闲	休閒	xiūxián	（动）

to have leisure casual
カジュアル / レジャー
한가하게 지내다

休闲活动 / 游泳和爬山都是非常好的休闲活动。

8	娱乐	娛樂	yúlè	（动）

to entertain
娯楽 / エンターテイメント
예능 / 오락

娱乐节目 / 电视里每天都有很多娱乐节目。

9	人脉	人脈	rénmài	（名）

social networks and contacts
人脈
인맥

积累人脉 / 我还不知道应该怎样积累人脉。

10	维护	維護	wéihù	（动）

to maintain, to safeguard
保つ / メンテナンス
지키다 / 보호하다

维护……关系 / 为了维护双方的友好关系，我花了很多时间和精力。

11	相关	相關	xiāngguān	（动）

in connection with, to be related to
～に関する
관련되다

与……相关 / 她做的是与语言翻译相关的工作。

12	享受		xiǎngshòu	（动）

to enjoy
味れい楽しむ / 享受する
즐기다 / 누리다

享受生活 / 那对夫妇经常一起出去旅行，享受退休以后的生活。

13	酒吧		jiǔbā	（名）

bar
バー / さかば
술집

一家酒吧 / 学校里有一家酒吧，很多人都喜欢去那里喝点儿酒。

14	健身		jiànshēn	（动）

to keep fit
体力つくりをする
헬스장 / 운동하러 가다

去健身 / 他每个周末都去健身，所以他身体很强壮。

15	相对	相對	xiāngduì	（形）

relatively
比較して
상대적으로

相对简单 / 和写汉字比起来，很多人觉得说汉语相对比较简单。

16	促进	促進	cùjìn	（动）

to promote, to advance
促進する
촉진하다

促进发展 / 我明白，这样做是为了促进销售。

课文导入

1. 你有夜生活吗？你喜欢去哪里过夜生活？

2. 介绍一下你们国家人们过夜生活的情况。

请根据意群阅读课文

60% 职场人 / 都有夜生活　专家：要适度

关旭东

超过一半职场人 / 每周 1～2 次夜生活

"职场夜生活"调查 / 显示，60% 职场人 / 下班后 / 有夜生活。其中，51.43% 表示 / 夜生活不多，平均每周 / 1～2 次；天天都有夜生活的 / 仅占 3.57%。

28 岁的黄若心说："有了孩子后，我下班后马上就回家，没有什么夜生活。"而 / 阿伟几乎每天 / 都有夜生活，他说："如果不是为了工作，谁不希望 / 下班就回家休息呢？每天下班后还要应酬，真累！"

59.29% 职场人：夜生活主要是为了放松

59.29% 的职场人表示 / 夜生活 / 以休闲娱乐为主；17.14% 的人表示 / 通过夜生活 / 积累人脉关系；11.43% 表示 / 夜生活可以维护 / 与同事、朋友之间的感情；仅有 3.57% 的人表示 / 夜生活与工作应酬相关。

调查中，42.14% 的人表示 / 会和朋友一起过夜生活；其次是同事，占 24.29%；也有 10.71% 表示 / 会自己享受夜生活。

KTV、酒吧很热门　每月花 500 元能接受

在 / 对夜生活目的地的调查中，39.29% 的职场人 / 选择 KTV 与酒吧；21.43% / 选择美食；仅有 1.43% / 选择运动健身。

45.59% 的职场人表示 / 每月夜生活消费少于 500 元、且 / 占收入的 20% 以内 / 可以接受，这些人 / 月收入在 4000 元左右。每月夜生活消费超过千元的 / 仅占 7.35%，这些人 / 相对收入较高，在 8000 元以上。

专家：夜生活要适度

专家表示："8 小时工作以外的夜生活 / 的确可以帮助职场人 / 促进和同事、朋友的关系，但要适度，要根据自己的兴趣 / 选择夜生活方式。同时，要根据自己的收入水平 / 进行消费。"

60% 职场人[(1)] 都有夜[(2)]生活　专家[(3)]：要适度[(4)]

超过一半职场人每周 1～2 次夜生活

"职场夜生活"调查显示[(5)]，60% 职场人下班后有夜生活。其中，51.43% 表示夜生活不多，平均每周 1～2 次；天天都有夜生活的仅占 3.57%。

28 岁的黄若心说："有了孩子后，我下班后马上就回家，没有什么夜生活。"而阿伟**几乎**每天都有夜生活，他说："如果不是为了工作，谁不希望下班就回家休息呢？每天下班后还要应酬(6)，真累！"

59.29% 职场人：夜生活主要是为了放松

59.29% 的职场人表示夜生活**以**休闲(7)娱乐(8)**为主**；17.14% 的人表示通过夜生活积累人脉(9)关系；11.43% 表示夜生活可以维护(10)与同事、朋友之间的感情；仅有 3.57% 的人表示夜生活与工作应酬相关(11)。

调查中，42.14% 的人表示会和朋友一起过夜生活；其次是同事，占 24.29%；也有 10.71% 表示会自己享受(12)夜生活。

KTV、酒吧(13) 很热门　每月花 500 元能接受

在对夜生活目的地的调查中，39.29% 的职场人选择 KTV 与酒吧；21.43% 选择美食；仅有 1.43% 选择运动健身(14)。

45.59% 的职场人表示每月夜生活消费少于 500 元、且占收入的 20% 以内可以接受，这些人月收入在 4000 元左右。每月夜生活消费超过千元的仅占 7.35%，这些人相对(15)收入较高，在 8000 元以上。

专家：夜生活要适度

专家表示："8 小时工作以外的夜生活的确可以帮助职场人促进(16)和同事、朋友的关系，但要适度，要根据自己的兴趣选择夜生活方式。同时，要根据自己的收入水平进行消费。"

（全文字数：约 500 字）

（节选自 《广州日报》，2013 年 11 月 4 日，略有改动）

词语例释

1　阿伟几乎每天都有夜生活。

几乎：副词，表示"差不多"，后面可以接动词、形容词、名词。"几乎 + V"时也可以表示"快要发生的事并没有发生，差一点儿"。

① 他高兴得几乎跳了起来。
② 几乎全班同学都参加了这次运动会。
③ 昨天在商场，我几乎花光了身上所有的钱。

2 59.29%的职场人表示夜生活**以**休闲娱乐**为主**。

以……为主：把……认为是主要的、认为……是主要的。中间的成分可以为名词或名词短语，也可以为动词或动词短语。

① 这次的汉语节目表演以二年级为主。
② 学汉语应该以多听多说为主。
③ 这门课以让大家了解中国历史为主。

3 KTV、酒吧很热门，每月花500元能**接受**。

接受：动词。意思是"心理上对事物容纳而不拒绝"。主要是心理活动，行为主体一般是主动的，宾语一般是抽象名词。

① 这件事确实是我做得不对，请您接受我的道歉。
② 他真的要回国了？我还不能接受这个事实。
③ 好吧，我接受你的建议。

报刊长句

8小时工作以外的夜生活的确可以帮助职场人促进和同事朋友的关系，但要适度，要根据自己的兴趣选择夜生活方式。

夜生活　　帮助职场人促进　　关系　要适度　根据
据　兴趣选择　方式

练 习

一　给下列动词搭配适当的词语

显示 _____　　维护 _____

享受 _____　　促进 _____

二 选词填空

> 应酬　　适度　　娱乐　　健身　　相关　　人脉　　相对

1. 我觉得现在的_____节目都没什么意思。
2. 下班以后咱们一起去_____吧，上了一天班，我想运动运动。
3. 虽然我的工资_____较高，但在北京生活，压力还是很大。
4. 这周我已经有三天晚上去_____了，没办法。
5. 上网也要_____，你应该多去外面走走。
6. 很多人都说，工作时_____关系非常重要，的确是这样。
7. 我想选一个和经济_____的专业。

三 用自己的话或原文中的关键句子概括下面一段话的主要内容

　　59.29%的职场人表示夜生活以休闲娱乐为主；17.14%的人表示通过夜生活积累人脉关系；11.43%表示夜生活可以维护与同事、朋友之间的感情；仅有3.57%的人表示夜生活与工作应酬相关。

　　调查中，42.14%的人表示会和朋友一起过夜生活；其次是同事，占24.29%；也有10.71%表示会自己享受夜生活。

四 根据课文内容选出正确的答案

1. 下面哪一项是错误的？（　　）
   A. 大多数职场人下班后没有夜生活
   B. 大多数职场人夜生活不多
   C. 大多数职场人平均每周有一两次夜生活
   D. 大多数职场人不用每天应酬

2. 以下哪一项是大多数职场人过夜生活的目的？（　　）
   A. 积累人脉关系　　　　　　　　B. 减少压力
   C. 维护与同事、朋友的感情　　　D. 工作应酬

3. 以下夜生活的目的地，课文中没有提到哪一项？（　　）

　　A. KTV　　　　　　　　　　　B. 酒吧

　　C. 电影院　　　　　　　　　　D. 饭馆

4. 下面哪一项是专家对职场人的建议？（　　）

　　A. 夜生活不要太多

　　B. 根据兴趣选择夜生活方式

　　C. 根据收入水平进行消费

　　D. 以上都是

5. 本文的主要内容是什么？（　　）

　　A. 职场人夜生活的消费水平以及专家的建议

　　B. 职场人夜生活的目的地以及专家的建议

　　C. 职场人夜生活的次数以及专家的建议

　　D. 职场人夜生活的情况以及专家的建议

五 请尽量用以下词语进行话题讨论

适度	应酬	娱乐	维护	促进
显示	休闲	人脉	享受	相关

1. 你觉得每周过几次夜生活比较好？为什么？
2. 你觉得为了工作去应酬重要吗？为什么？

快速阅读

阅读一（字数：约530字；阅读与答题的参考时间：9分钟）

澳洲男子车祸醒来会讲流利中文

　　澳大利亚一名21岁的大学男生因车祸昏迷17个月，醒来以后，竟然讲出了流利的中文，并且成了一个电视节目的主持人。

21岁的本·麦克马洪（Ben McMahon）在上大学以前曾经学过中文，然而，在他从17个月前那场可怕的车祸中恢复之后，他的中文语言能力突然大大提高了。他又找回了对中国文化的热爱，而这份热爱让他变成了一个中文节目的主持人。

"车祸的大部分情节记不清楚了，不过，当我醒来看到一名华裔护士的时候，我还以为自己在中国。"本回忆这场经历时说，"这就像是一个梦，就像是我的大脑在一个地方，而我的身体却在另一个地方。我就是突然开始说起中文来了，每当我说话时，最先说出来的就是中文。"本主持的节目叫"澳麦GA"（即Oh My God），该节目是为了"拉近澳中两国文化间的关系"。节目的内容包括如何谈恋爱、寻找美食、找工作等。

"这个节目是为了促进和推动澳洲与中国之间的相互了解，"本说，"我认为这是很关键的——它表示两国朝着建立更密切的关系迈出了一大步。"

对于主持节目，"这绝对是我曾经做过的最困难、但最愉快的事，"本说，"而且（车祸昏迷后）我也变得有一点儿容易累。在昏迷之后，我不得不睡了很长时间。不过，我能恢复，已经够幸运了。"

从车祸中恢复过来以后，本还曾成功地带中国旅行团参观墨尔本CBD，并且又能自己开车了。

（节选自中国新闻网，2013年7月12日，略有改动）

回答问题

1. 本·麦克马洪在车祸后昏迷了多长时间？（　　）
   A. 一年半　　　　B. 一年零五个月　　　　C. 差三个月两年　　　　D. 一年零七个月
2. 请用自己的话概括本从昏迷中醒来时的情况。
3. 本主持了一个什么样的节目？
4. 从车祸昏迷中醒来后，本有了什么变化？

阅读二（字数：约 490 字；阅读与答题的参考时间：9 分钟）

女性在闺蜜面前更注意形象　见面前打扮需更长时间

萧　白

最近，一份针对 2000 名女性的调查表明，女人与男性朋友出去时，只需花 40 分钟准备，但和闺蜜见面则需 1 小时 3 分钟！

调查发现，近三分之二的女性表示她们希望闺蜜认为她们的打扮很成功，也承认会与闺蜜比较谁打扮得更漂亮。据调查，女性会选择一套更舒适的衣服与男人约会，但当和闺蜜见面时，她们会选择更漂亮的衣服。

准备的过程才更重要

研究表明，比起和闺蜜见面，44% 的女孩更喜欢之前的准备过程。

专家说："整个准备过程才是重点。女孩子们喜欢交换化妆品，相互试衣服，这样可以让闺蜜之间的关系更好。"

相反，为与男人约会打扮时，近 50% 的女性表示她们花的时间很短，因为她们知道男性朋友可能会在两分钟内就能做好准备。

男性不能参加"准备"工作

在准备过程中，女孩们会花 3 小时 19 分钟挑新衣服，另外花 1 小时 12 分钟试各种衣服和鞋，然后，她们会花 1 小时 41 分钟通过短信、电话或电子邮件组织和通知见面的时间和地点，再花 1 个小时去弄头发。

专家说："女人的确会为了让男人觉得自己漂亮而打扮自己。但问题是，男性们不能真正参加准备工作。对女孩子来说，一个约会不仅是晚上 10 点出门、夜里两点回家这么简单，而且包括可以给女孩们带来许多快乐的整个准备过程。"

（节选自《广州日报》，2013 年 6 月 3 日，略有改动）

判断正误

1. 女性与闺蜜出去时需要更长的准备时间，但穿的衣服不是很漂亮。　　（　　）
2. 超过三分之二的女性会和闺蜜比较谁打扮得更漂亮。　　（　　）
3. 女孩子们一般不喜欢用别人的化妆品。　　（　　）
4. 在准备过程中，女孩们花在挑新衣服上的时间最长。　　（　　）
5. 女孩们很享受准备的过程。　　（　　）

第五课 城市"晚点族"

背景知识

晚点儿下班、晚点儿睡觉、晚点儿结婚、晚点儿生孩子……现代社会中，许多年轻人成了"晚点一族"。这些在城市中生活的人们，什么事情都比他们父母那一代人"晚了一点儿"，这是因为生活的压力而做出的决定，还是仔细考虑之后的理性选择？

词语表

1. 晚点族　　晚點族　　wǎndiǎnzú　（名）　a slang term used to describe young people who work late hours, sleep late and delay their marriage plans
   成为晚点族 / 这么说，你是一个"晚点族"喽？
   退勤、結婚、お産、就寝などが遅れている若者のことを言う
   일, 취침, 결혼등이 기존세대보다 늦는 요즘 젊은이들을 일컫는 일종의 신조어

2. 盛产　　盛產　　shèngchǎn　（动）　to abundant in, to teem with
   盛产葡萄 / 中国的新疆盛产葡萄。
   豊富に産出する
   많이 생산하다

3. 奉献　　奉獻　　fèngxiàn　（动）　to offer, to dedicate
   奉献给…… / 中国的父母，把一切都奉献给了孩子。
   貢献する / 捧げる
   바치다 / 공헌하다

4. 晚婚　　　　　　wǎnhūn　（动）　to marry at a later age
   鼓励晚婚 / 他认为，还是晚婚好。
   晚婚
   만혼 (늦은 결혼)

5. 抚养　　撫養　　fǔyǎng　（动）　to raise, to bring up
   抚养孩子 / 他们挣的钱不多，还要抚养孩子，真不容易。
   扶養する
   부양하다 / 양육하다

#	简体	繁体	拼音	词性	英文 / 日文 / 韩文
6	成本		chéngběn	(名)	capital costs / コスト / 原価 / 원가 / 생산비
	降低成本 / 我知道，这是为了降低成本，但是不应该这样。				
7	理性		lǐxìng	(形)	rational / 理性 / 이성
	理性消费 / 你应该理性消费，不要买一些没用的东西。				
8	确定	確定	quèdìng	(动)	to verify / 確定する / 확실히하다
	无法确定 / 我现在还无法确定这是不是卖的。				
9	轻易	輕易	qīngyì	(副)	easily / 容易にする / 軽々しく / 수월하게 / 쉽게
	轻易放弃 / 我不会轻易放弃每一个机会。				
10	恋爱	戀愛	liàn'ài	(动)	to fall in love / 恋愛する / 恋する / 연애하다
	谈恋爱 / 我不想过早恋爱、结婚。				
11	观念	觀念	guānniàn	(名)	perception / 観念 / 관념
	家庭观念 / 中国人的家庭观念比较强。				
12	心理		xīnlǐ	(名)	mentality / 心理 / 심리
	心理准备 / 这个菜很辣，你要做好心理准备。				
13	阶段	階段	jiēduàn	(名)	stage, phase / 段階 / 계단 / 단계
	几个阶段 / 学好汉语，需要经过几个阶段。				
14	绑架	綁架	bǎngjià	(动)	to kidnap / 誘拐する / 납치하다 / 인질로 잡다
	被绑架 / 我被他俩"绑架"了，非要我来这里。				
15	目前		mùqián	(名)	currently, at the present moment / 目前 / 지금 / 현재
	目前的情况 / 目前的情况有点儿复杂，我以后再向你解释。				
16	必然		bìrán	(形)	inevitably, certainly / 必然な / 필연적으로 / 반드시
	必然发生变化 / 随着经济的发展，人们的观念必然会发生变化。				
17	见解	見解	jiànjiě	(名)	understanding, view point / 見解 / 견해
	不同见解 / 大家对应该什么时候结婚有不同的见解。				
18	乐意	樂意	lèyì	(动)	to be willing to / 喜んで〜する / 기꺼이 〜 하다 / 〜 하기 원하다
	乐意接受 / 我很乐意接受你的批评。				

课文导入

1. 在你的国家,"晚点族"多吗?他们为什么"晚点"?

2. 你觉得"晚点族"的生活好不好?为什么?

请根据意群阅读课文

城市 / "晚点族"

周 畅 詹婷婷

下班晚、睡觉晚、结婚晚 城市盛产"晚点族"

"一周 / 至少有 3 天 / 加班到夜里,其他时间 / 大部分 / 都有应酬,晚上和周末 / 也都 / 奉献给了工作。"对孙强卫来说,晚下班、晚睡觉 / 是常有的事。

31 岁的周亮 / 两年前结婚,已算"晚婚"的他 / 仍决定"晚点儿再要孩子"。"现在 / 抚养孩子的成本 / 太高了,想 / 再等两年,给孩子 / 更好的生活。"

生活压力 / 还是 / 理性选择

记者发现,读书、工作、经济压力、理性选择 / 成为多数人 / "晚点"的原因。

今年 28 岁的郭海龙 / 现在 / 在 / 读博士。他说:"我 31 岁 / 才能毕业,现在不能确定 / 以后在哪个城市工作,也不敢 / 轻易恋爱结婚。"

30 岁的陈雨丽觉得 / "晚点"生活 / 没什么不好,"很多朋友 / 都觉得奇怪,为什么我结了婚 / 一直没要孩子。中国的传统观念是 / 结了婚就得要个孩子,但 / 我现在心理上 / 还没准备好,要根据自己现阶段的情况 / 去做理性的选择。"

专家:不要被标准"绑架"

教授包前程认为,目前 30 岁左右的人 / 为了生活而工作的压力 / 越来越大,社会对他们 / 有很多标准,比如 / 结婚要有房子,有孩子必然要教育,这让他们不得不 / 选择"晚点"。其次,80 后更加 / 有自己的见解,越来越多的人 / 乐意"晚点"。

"年轻人不用给自己 / 太大压力,也不要 / 让社会标准 / 绑架自己,选择适合自己的生活方式 / 才是最重要的。"包前程说。

城市"晚点族"[1]

下班晚、睡觉晚、结婚晚 城市盛产[2]"晚点族"

"一周至少有 3 天加班到夜里,其他时间大部分都有应酬,晚上和周末也都奉献[3]给了工作。"对孙强卫来说,晚下班、晚睡觉是常有的事。

31岁的周亮两年前结婚，已算"晚婚"[4]的他仍决定"晚点儿再要孩子"，"现在抚养[5]孩子的成本[6]太高了，想再等两年，给孩子更好的生活。"

生活压力还是理性[7]选择

记者发现，读书、工作、经济压力、理性选择成为多数人"晚点"的原因。

今年28岁的郭海龙现在在读博士。他说："我31岁才能毕业，现在不能确定[8]以后在哪个城市工作，也不敢轻易[9]恋爱[10]结婚。"

30岁的陈雨丽觉得"晚点"生活没什么不好，"很多朋友都觉得奇怪，为什么我结了婚一直没要孩子。中国的传统观念[11]是结了婚就得要个孩子，但我现在心理[12]上还没准备好，要根据自己现阶段[13]的情况去做理性的选择。"

专家：不要被标准"绑架"[14]

教授包前程认为，目前[15]30岁左右的人为了生活而工作的压力越来越大，社会对他们有很多标准，比如结婚要有房子，有孩子必然[16]要教育，这让他们不得不选择"晚点"。其次，80后更加有自己的见解[17]，越来越多的人乐意[18]"晚点"。

"年轻人不用给自己太大压力，也不要让社会标准绑架自己，选择适合自己的生活方式才是最重要的。"包前程说。

（全文字数：约480字）

（节选自新华网，2013年11月1日，略有改动）

词语例释

1 下班晚、睡觉晚、结婚晚，城市盛产"<u>晚点族</u>"。

XX族：用来形容一群有共同特点的人，如"上班族"指"每天上班的人"；"月光族"指"每个月都把钱花光的人"；"网购族"指"喜欢在网上买东西的人"等。

① 我是个"穷忙族"，每天做很多事，但是却不挣钱。
② 现在很多年轻人都是"啃老族"，即毕业以后找不到工作，还要花父母的钱的人。
③ 我也想当个"背包族"，背上自己的包，到世界各地去旅行。

2 <u>对</u>孙强卫<u>来说</u>，晚下班、晚睡觉是常有的事。

对……来说：表示从某人、某事的角度来看，可以用来发表看法。但有时是说明与后面谈到的情况或看法有关的人或事物。如"对小学生来说，最重要的是好好学习"中的"最重要的是好好学习"这个情况和"小学生"有关,但不一定是"小学生"的看法,例如也可以说:"那位老师觉得,对小学生来说,最重要的是好好学习。"

① 对我来说,这本书有点儿太简单了。
② 我觉得,现在对你来说,最应该做的事是好好锻炼身体。
③ 医生说,对感冒的人来说,应该多喝水、多休息。

③ 中国的传统观念是结了婚就**得**要个孩子,但我现在心理上还没准备好,要根据自己现阶段的情况去做理性的选择。

得:读音 děi,表示"需要、应该、必须",后面可以接动词、形容词或动词短语、形容词短语,也可以接数量词、小句。表示否定用"不用、用不着",常用于口语。

① 我不会做饭,还得你做。
② 你得快点儿,不然上课要迟到了。
③ 买个新的电脑得五千块钱。

④ 年轻人不用给自己太大压力,也不要让社会标准绑架自己,选择**适合**自己的生活方式才是最重要的。

适合:动词,意思是"符合(实际情况或客观要求)"。对象包括口味、情况、人等。

① 她的性格特别适合当老师。
② 这是我为你做的几道菜,你看看适合不适合你的口味。
③ 这份工作适合学计算机专业的学生来做。

报刊长句

教授包前程认为,目前30岁左右的人为了生活而工作的压力越来越大,社会对他们
  包前程认为   人   压力 大 社会
有很多标准,比如结婚要有房子,有孩子必然要教育,这让他们不得不选择"晚点"。
 有 标准   让他们 选择"晚点"

练 习

一 给下列动词搭配适当的词语

抚养 _____   盛产 _____

绑架 _____   确定 _____

二 选词填空

> 奉献　　成本　　轻易　　观念　　必然　　乐意　　见解　　心理

1. 如果每天运动，身体_____会变得越来越健康。
2. 许多科学家都把自己的一生_____给了科学，所以科技才能发展得这么快。
3. 在北京生活的_____太高了，我想去别的城市找工作。
4. 你对这本书的_____很有意思，能不能再多说一点儿？
5. 我非常不_____把钱借给他，所以还是让他去找别人吧。
6. 这次的考试会很难，你要做好_____准备。
7. 别那么_____就做决定，还是好好想想吧。
8. 现在人们的_____已经有了很大的变化，很多年轻人理解不了老人的想法。

三 用自己的话或原文中的关键句子概括下面一段话的主要内容

　　教授包前程认为，目前30岁左右的人为了生活而工作的压力越来越大，社会对他们有很多标准，比如结婚要有房子，有孩子必然要教育，这让他们不得不选择"晚点"。其次，80后更加有自己的见解，越来越多的人乐意"晚点"。

　　"年轻人不用给自己太大压力，也不要让社会标准绑架自己，选择适合自己的生活方式才是最重要的。"包前程说。

四 根据课文内容选出最正确的答案

1. 关于孙强卫，下面哪一项是错误的？（　　）

    A. 一周有3天以上要加班到夜里

B. 他很少晚下班、晚睡觉

C. 他下班后经常有应酬

D. 晚上和周末他经常要工作

2. 陈雨丽在什么事情上"晚点"了？（　　）

　　A. 下班　　　　　　　　B. 睡觉

　　C. 生孩子　　　　　　　D. 结婚

3. 下面哪一项不是人们"晚点"的原因？（　　）

　　A. 自己乐意"晚点"

　　B. 自己的理性选择

　　C. 找不到工作

　　D. 生活的压力越来越大

4. 本文的主要内容是什么？（　　）

　　A. 介绍专家怎么看城市中的"晚点族"

　　B. 介绍城市中为什么有那么多"晚点族"

　　C. 介绍城市中"晚点族"的产生是生活压力还是理性选择

　　D. 介绍城市中"晚点族"的情况、产生原因和专家建议

五 请尽量用以下词语进行话题讨论

| 乐意 | 必然 | 阶段 | 观念 | 确定 | 奉献 |
| 见解 | 目前 | 心理 | 轻易 | 成本 | 抚养 |

1. 你觉得多大年龄结婚、生孩子比较合适？为什么？
2. 在你的国家，社会对年轻人有哪些标准？这些标准会让他们"晚点"吗？

快速阅读

阅读一（字数：约 490 字；阅读与答题的参考时间：9 分钟）

"情绪化"开车太可怕

朱中奇

在开车的安全问题上，有两种现象特别值得重视，一种是刚学会开车的人安全上路的问题，一种是对公共安全有害处的"情绪化"开车问题。

对于刚学会开车的人的安全上路问题，我们已经根据调查得出了结果。调查显示，2012 年，开车不到 1 年的人造成的交通事故数量、死亡人数比上一年分别增加了 22.6% 和 25.7%。

而"情绪化"开车，基本上可以理解为"因为各种原因故意给其他汽车、人等造成危害"。其中，开车故意碰撞其他车、人是最危险的。

在网上可以找到的与"开车、故意、碰撞"有关的事件有 2670000 多件，可见"情绪化"开车在我们的身边并不少见。去年 10 月，在浙江某条道路上，一辆车的司机因为对另一辆车产生了一些不愉快的情绪，就开车故意直接向那辆车撞过去，造成那辆车上一个 4 岁的小孩子受到了伤害……

汽车代表着人类科学的进步，也是人类文明的一部分。开车，本是为了享受方便、自由和舒适，安全当然应该是最基本的。但是，如果我们开车的同时，还要时刻担心其他汽车的司机是不是有对公共安全有危害的"情绪化"开车问题，那还有什么安全、方便、自由和舒适呢？对于一个拥有超过 2 亿辆汽车的国家，哪怕是很小的一个比例，因各种原因而带着"情绪"开车，那结果真的是太可怕了。

（节选自南都网，2013 年 6 月 28 日，略有改动）

回答问题

1. 请用自己的话概括什么是"情绪化"开车。
2. 为什么说"情绪化"开车很可怕？
3. 文章第一段提到的两种问题，你觉得哪一个对开车安全的影响更大？为什么？

阅读二（字数：约 670 字；阅读与答题的参考时间：11 分钟）

研究：上班路上花 45 分钟以上 离婚率增加 40%

聂丽娟　王志宇　梁玉婷

最近，一项有关"夫妻中有一人每天上班路上花的时间超过 45 分钟，离婚率增加 40%"的研究，让不少人都开玩笑说"我离离婚不远了"。

上下班心情差　回家常吵架

"本来家离单位就远，现在路上还在修路，我回家的时间又延长了半小时，除了吃饭、睡觉和洗澡的时间，我跟老公每天说不了几句话。"吴小姐说，她与老公交流的时间太少。

吴小姐的情况并不少见。王女士的家离单位比较远，每天上班至少要花一个小时。王女士下班后还要赶回家做饭，但路上经常堵车，再加上上了一天班已经很累了，所以她回家就想躺在沙发上休息。

王女士的老公回家后也总是很累，因此他们经常吵架。"有时没什么原因，但就觉得生气，想想就是累的。"王女士说，她特别羡慕家在单位附近的同事，"我还在路上的时候，人家已经吃上饭了。"

超过一半的人上班路上要花 2 小时

一项最新研究发现，夫妻中有一人每天上班路上花的时间超过 45 分钟，离婚率增加 40%。因为单位离家太远、堵车、公共汽车上人太多等，会让人心情变差，还可能影响健康。

在参加调查的 8000 多人中，超过一半承认上下班路上单程要花 1 小时以上，其中约 10% 要花 2 小时以上。这样，每天花在路上的时间最少 2 个小时。

一半以上的上班族认为，上下班路上花的时间太长，会影响夫妻感情。只有 20% 的人觉得上班花的时间与离婚率没有关系，还有 20% 多表示"要看具体情况"。

利用路上时间多交流

专家认为，虽然单位较远，经常堵车，会让人心情变差，夫妻交流时间变少，但对于多数上班族夫妻来说，可以利用上下班路上的时间多交流，从而改善家庭关系。他建议，可以在路上通过电话、短信问候对方，知道对方的需求和心情状态，通过多种方法增加相互理解。

（节选自荆楚网，2013 年 11 月 18 日，略有改动）

判断正误

1. 吴小姐和王女士的情况差不多。（   ）
2. 因为每天下班回家后太累,王女士和她老公的关系受到了影响。（   ）
3. 每天上班路上花的时间太长不会影响健康。（   ）
4. 调查中的大部分人每天花在路上的时间最少 2 个小时。（   ）
5. 专家建议,应该利用上下班时间多和同事交流。（   ）

第一~五课单元测试题

答题参考时间：100 分钟　　　　　　　　　　　　　　　　　　　分数：_____

一　给下列动词搭配适当的词语（10 分）

产生 _____　　　　回归 _____

游览 _____　　　　发布 _____

欣赏 _____　　　　组成 _____

想念 _____　　　　维护 _____

促进 _____　　　　抚养 _____

二　选词填空（15 分）

接触	曾经	轻易	浓厚	适度	的确
典型	高峰	有利	方式	地道	必然

1. 来中国以后，我才吃到了_____的中国菜。

2. 我_____已经把钱还给你了，你再好好想想。

3. 结婚以后就应该要个孩子，这是_____的传统想法。

4. 这件事我绝对不会_____放弃的，我一定会坚持到最后。

5. 有时候你说话的_____有些让人接受不了，虽然你的想法是好的。

6. 父母对孩子的关心要_____，不然会让孩子感到压力太大。

7. 我_____来过中国好几次，每次来中国给我的感觉都不一样。

8. 通过和他三个月的_____，我发现他并不像别人说的那么自私。

9. 不管做什么，如果不付出，_____是不会有收获的。

10. 中国人很喜欢"龙"这个生肖，所以龙年是生孩子的_____。

三 请按正确的语序将下列各个句子组成完整的一段话（9分）

1. A. 所以现在不能确定以后在哪个城市工作

   B. 我 31 岁才能毕业

   C. 也不敢轻易恋爱结婚

   正确的语序是：（   ）（   ）（   ）

2. A. 调查中，42.14% 的人表示会和朋友一起过夜生活

   B. 也有 10.71% 表示会自己享受夜生活

   C. 其次是同事，占 24.29%

   正确的语序是：（   ）（   ）（   ）

四 完型填空（12分）

（一）

| 也 | 不管 | 通过 | 还是 | 可以 |

外国的华裔，＿＿＿＿做饭，＿＿＿＿感受到中国文化，这是一种新的、丰富的经历。＿＿＿＿是现在生活在外国的中国人，＿＿＿＿生长在外国的"香蕉人"，在回归中华美食的同时，＿＿＿＿和祖国离得更近了。

（二）

| 才 | 虽然 | 还 | 但是 |

安娜在中国＿＿＿＿收获了爱情。"来中国以前，男朋友和我＿＿＿＿在俄罗斯的同一个城市生活，＿＿＿＿我们从来没有见过面。在河北大学留学的时候，我们＿＿＿＿相互认识、相互喜欢。"

五 用自己的话或原文中的关键句子概括下面各段的主要内容，字数不要超过30个（9分）

1. "我们几个老姐妹，都退休在家没事了。平时我们经常参加旅行团，老姐妹几个一起出去玩。"今年65岁的张阿姨说，和老姐妹旅行的好处是，大家都是认识多年的朋友了，在一起总有说不完的话。而且大家年龄差不多大，聊的一些事情也是大家都有兴趣的。

2. 年轻的华人夫妻沈卫与李春也喜爱美食，他们建立了一个与美食有关的网站。他们经常在网上介绍各种美食，也会通过网站寻找有同样兴趣的朋友一起去中餐馆吃饭。国外的华裔在进入当地社会的同时，也传播着中华传统美食和风俗习惯。"我喜欢吃、喜欢交朋友，喜欢办活动，现在我把三个兴趣结合在了一起。" 李春说。

3. 汽车代表着人类科学的进步，也是人类文明的一部分。开车，本是为了享受方便、自由和舒适，安全当然应该是最基本的。但是，如果我们开车的同时，还要时刻担心其他汽车的司机是不是有对公共安全有危害的"情绪化"开车问题，那还有什么安全、方便、自由和舒适呢？对于一个拥有超过2亿辆汽车的国家，哪怕是很小的一个比例，因各种原因而带着"情绪"开车，那结果真的是太可怕了。

阅读（45分）

阅读一（22分）

对中国的印象

张丽晴

人们为了各种各样的目的来中国，有些人是为了解中国文化，有些人是为学习汉语，有些人为了看风景……我选择来中国却是因为中国就是我的梦想！从小到大，我的梦想就是会听、说、读、写汉语，每次听别人流利地说汉语，我都会觉得很羡慕。

去年秋天，我来到中国，开始在北京语言大学学习汉语。刚到北京，我不但觉得汉语很难，而且对生活也不适应，饮食、气候都不习惯，我的自行车还被小偷偷走了两次。在那段时间里，我想我的家人，想回国，常常自己一个人哭。一天，我学到一个词"难能可贵"，知道了它的意思是"做到了不容易做到的事，所以特别可贵"，我突然明白了，决定要坚持下去。我认真听课，向中国人学习，常去图书馆读书。慢慢地，我适应了北京的生活，学习成绩也提高了，还认识了很多中外朋友。

我来中国除了学习汉语，还有一个"任务"，就是见见在中国的亲戚——我外婆的哥哥。我有外婆哥哥的地址，所以先试着写了一封信。不久以后，广东亲戚给我打来电话，我们终于联系上了。我想，要是能让外婆见一次她的哥哥，那该多好呀！春节时，我去广东亲戚家，跟他们一起过年。我发现，他们跟泰国华人的过年方式有很多不同。

现在，我在北京生活得很开心，有了很多朋友，其中有服务员、卖饺子的老板、卖蔬菜和水果的老板。我觉得他们就是我的汉语老师，常常"老师、老师"地叫他们。觉得难过时，跟他们聊聊天，我就开心了；有事需要帮忙时，他们都会来帮我，他们好像我的家人一样。

我打算在中国留学6年，除了学习，我还要在中国旅游。中国有很长的历史，如果能了解中国的历史、文化，就可以理解中国人的生活和想法，因为人、历史、文化有着很深的联系。

（本文作者是北京语言大学泰国留学生）

（节选自《人民日报海外版》，2013年11月4日，有改动）

（一）判断正误，正确的打√，错的打×（16分）

1．"我"来中国是因为从小到大我一直在学汉语。　　　　　　　　　　（　　）
2．刚到北京时，"我"遇到了很多困难。　　　　　　　　　　　　　　（　　）
3．"我"决定坚持在中国学习是因为我要帮外婆找她哥哥。　　　　　　（　　）
4．在北京，"我"只认识了一些中国朋友。　　　　　　　　　　　　　（　　）
5．"我"联系上了外婆的哥哥，并和广东的亲戚一起过春节。　　　　　（　　）
6．"我"只和"我"的同学做朋友。　　　　　　　　　　　　　　　　（　　）

7. "我"觉得服务员的汉语很好，也可以去学校当汉语老师。（   ）

8. "我"想了解中国的历史、文化，因为"我"想了解中国人的生活和想法。（   ）

（二）回答问题（6分）

1. "我"来中国以后做了哪些事？"我"以后还想在中国做什么？（3分）

2. 你对中国的印象是什么？（3分）

阅读二（23分）

外国留学生看"中秋"：为什么吃月饼？让人更想家！

吕子豪　李芳华

刚刚进入河北大学国际交流中心的留学生世玲、娜娜、曼娜等正在急着向老师问签证和上课的相关事情。世玲说："我的签证快过期了，办不好会影响以后的学习。"

今年25岁的世玲在2008年就来到了中国，她先用了一年时间学习汉语，然后花了4年时间在广州中山大学学习旅游管理。为了了解中国南北方在气候、文化等方面的不同，她又选择了到河北大学继续学习。

世玲说，因为放假安排等原因，这5年并没有真正在中国过中秋。"只知道中秋节是中国人团圆的日子，家人在一起可以赏月、吃月饼，但这也会让离开家的我们更想家。"

世玲说，在自己国家的圣诞、元旦等节日，家人也会在一起吃饭。"今年我要和班上新来的留学生一起过中秋，吃月饼。"

对于刚进入中国大学校门的娜娜来说，虽然以前在国内有两年的中文学习经历，但依然感到了严重的"沟通问题"：刚到学校时，因为语言问题，她不知道去哪儿吃饭，说话也没人听得懂，第一天晚上是饿着肚子睡觉的。

说到中秋节，娜娜有点儿不明白："中秋节是什么？为什么要吃月饼？"当世玲向她解释"中秋吃月饼是中国人的一种传统，圆圆的月饼代表家人团圆，中国有嫦娥奔月、中秋赏月等许多美丽的故事"时，娜娜说："既然是团圆的日子，那我也要给父母打个电话，告诉他们我在中国很好，时常会想念他们。"

曼娜说她"正烦恼着"。她说，第一次从北京坐火车到保定，因为不会中文迷了路，好不容易叫到出租车，司机却不会英语，两人"沟通"了好久才到达学校；看到自己想吃的菜，只能在手机上用中文和英语打出来，等出去吃饭时就拿给服务员看。"每次吃饭只吃那几种，不知道名字的菜不敢吃。"

河北大学是中国最早开展对外汉语教学的大学之一。现在，河北大学每年长短期留学生数都已经超过 300 名。

（节选自中国新闻网，2013 年 9 月 17 日，有改动）

（一）判断正误，正确的打 √，错的打 ×（16 分）

1. 如果世玲的签证过期了，就会影响她以后的学习。　　　　　　（　　）
2. 来中国以后，世玲一直在学习汉语。　　　　　　　　　　　　（　　）
3. 世玲去河北大学学习是因为她更喜欢北方的气候。　　　　　　（　　）
4. 世玲觉得中秋节会让留学生更想家。　　　　　　　　　　　　（　　）
5. 娜娜已经在中国学习两年汉语了。　　　　　　　　　　　　　（　　）
6. 娜娜要给父母打电话，因为她的国家也过中秋节。　　　　　　（　　）
7. 曼娜因为语言问题，在中国生活时遇到了一些困难。　　　　　（　　）
8. 河北大学是中国第一所进行对外汉语教学的大学。　　　　　　（　　）

（二）回答问题（7 分）

1. 世玲对中秋节有哪些了解？（3 分）

2. 曼娜在吃饭时遇到了哪些困难？（4 分）

第六课　你有手机依赖症吗

背景知识

手机作为一种现代化通讯工具，由于它的方便快捷，越来越受到人们的欢迎。随着"手机一族"队伍的不断壮大，一种由于对手机过分依赖而形成的现代心理疾病——手机依赖症也悄然出现了。青年白领女性、业务负担重的中年男性和学生等是手机依赖症的高发人群。手机依赖症会对人的生理和心理产生严重的危害，是现代人应该努力克服的一种疾病。

词语表

1. 依赖　　依賴　　yīlài　　（动）　　to rely on, to depend on
依赖父母 / 现在是手机时代嘛，自然什么事都依赖手机。
依頼する
의지하다 / 기대다

2. 症　　癥　　zhèng　　illness, syndrome
手机依赖症 / 你看，这么多人患手机依赖症。
症
질병 / 증세

3. 智能　　　　zhìnéng　　（形）　　intellectual
智能机器人 / 我这是智能手机，功能很多。
智能
지능

4. 微信　　　　wēixìn　　（名）　　WeChat
微信好友 / 微信朋友圈里什么信息都有。
SNS/ びしん
Wechat(중국 최대 SNS)

5. 打发　　打發　　dǎfā　　（动）　　to waste away (one's time)
打发时间 / 等飞机，只能靠看手机打发时间。
日を過ごす
시간을 허비하다

6. 时不时　　時不時　　shíbùshí　　（副）　　occasionally, time and again
时不时看一下 / 说实话，我也时不时后悔。
常に / しょっちゅう
자주 / 언제나

7. 危害　　　　wēihài　　（动）　　to endanger
危害身体 / 吸烟危害健康。
危害 / 害する
해를 끼치다 / 손상시키다

#	简体	繁體	拼音	词性	释义
8	显而易见	顯而易見	xiǎn'éryìjiàn		obviously / あきらかにわかる / 명백히 알 수 있다
	市场经济带来的好处是显而易见的。				
9	占用	佔用	zhànyòng	（动）	to occupy and use / 占める / 점용하다
	占用时间／这件事占用了我很多时间和精力。				
10	采用	採用	cǎiyòng	（动）	to select and use, to adopt and use / 採用する / 채용하다
	采用……方法／他的这种病需要采用中医治疗的方法才能治愈。				
11	姿势	姿勢	zīshì	（名）	posture / 姿勢 / 자세
	优美的姿势／你看，我的姿势对不对？				
12	此外		cǐwài	（连）	besides from, moreover / ～のこと以外 / 이 밖에
	我们以学习汉语为主，此外，还学习一些中国文化。				
13	患		huàn	（动）	to contract an illness / 患う／病気にかかる /（병에）걸리다／앓다
	患病／他患的是什么病？				
14	强迫		qiǎngpò	（动）	to coerce, to force, to enforce / 無理やり／脅迫する / 강박／강요하다
	强迫症／学校不应该强迫我们做自己不喜欢的事。				
15	坐立不安		zuòlì bù'ān		fretful and restless, fidgety / いてもたってもいられない / 서도 앉아도 편안하지 않다／안절부절 못하다
	听到这个消息，我一整天都坐立不安。				
16	上瘾		shàng yǐn		be addicted to / はまる／熱中する / 인이 박히다
	游戏上瘾／我玩游戏上瘾。				
17	抵御	抵禦	dǐyù	（动）	to resist, to withstand / 抵抗する／防ぎ止める / 막아내다／방어하다
	抵御风险／戴口罩也抵御不了空气污染。				
18	诱惑	誘惑	yòuhuò	（动）	to tempt / 誘惑 / 유혹
	充满诱惑／这么高的工资诱惑我，我能不动心吗？				
19	制订	製訂	zhìdìng	（动）	to formulate, to draw up / 制定する / 제정하다／만들다
	制订计划／我已经制订好了明年的旅行计划。				

| 20 | 踏实 | 踏實 | tāshi | （形） | steady and sure, reassuring |

踏踏实实 / 听了你的话，我心里踏实多了。
着実である
착실하다 / (마음이) 놓이다

| 21 | 治疗 | 治療 | zhìliáo | （动） | to treat, to cure |

治疗方法 / 按摩是中医治疗疾病的一种方法。
治療
치료하다

课文导入

1. 你和你身边的人是否有手机依赖症？

2. 你觉得怎样才能克服手机依赖症？

请根据意群阅读课文

你有 / 手机依赖症 / 吗

郑山海

　　智能手机的 / 普遍使用，为我们 / 带来了许多方便，同时 / 也改变着 / 我们的生活习惯。比如，有很多人 / 早上醒来第一件事 / 就是打开手机 / 查看新闻、短信或微信。晚上睡觉前，也要抱着手机看电影、读小说、玩游戏。还有些人在乘车过程中 / 拿手机打发时间，甚至工作中 / 也会时不时 / 查看信息。

　　有调查显示，近两年，美国人 / 平均每天 / 使用手机的时间 / 由 66 分钟 / 增加到 /127 分钟，印度人均每天 / 为两个半小时。

　　长时间 / 使用手机，危害 / 是显而易见的：

　　首先是 / 影响身体健康。一方面，看手机 / 占用了人们 / 大量时间，使人们减少了 / 应有的运动。另一方面，人们玩手机的时候，常采用的 / 是一些 / 不健康的姿势。此外，长时间 / 看手机，眼病发生的可能 / 也大大增加。

　　其次是 / 带来心理上的变化。一些人 / 患上手机强迫症，过一段时间 / 不看手机，心里 / 就不舒服；哪天 / 没带手机，一整天 / 都坐立不安。

　　手机上瘾 / 还影响我们 / 正常的生活和学习。很多大学生上课时 / 通过手机上网，耽误了听课；上班族 / 工作时间上网 / 或游戏的情况 / 也不在少数。甚至很多人 / 回到家中，也几乎 / 把时间 / 都用在了手机上，夫妻间 / 少了正常的交流，影响感情。

　　智能手机 / 给我们出了一道 / 怎样抵御诱惑的考题。我们应该 / 给自己 / 制订一个时间表，到规定时间 / 就关机。此外，全家人 / 在一起的时候，最好不要 / 玩手机。如果可能，每月 / 选择一两天，关掉手机，走进 / 大自然，丰富 / 自己的生活。如果你感到 / 一刻也离不开手机，那么 / 去找心理医生，看看自己 / 是不是患了手机依赖症，然后 / 踏踏实实接受治疗，降低 / 对手机的依赖吧！

你有手机依赖[1]症[2]吗

　　智能[3]手机的普遍使用，为我们带来了许多方便，同时也改变着我们的生活习惯。比如，有很多人早上醒来第一件事就是打开手机查看新闻、短信或微信[4]。晚上睡觉前，也要抱着手机看电影、读小说、玩游戏。还有些人在乘车过程中拿手机打发[5]时间，甚至工作中也会时不时[6]查看信息。

　　有调查显示，近两年，美国人平均每天使用手机的时间由66分钟增加到127分钟，印度人均每天为两个半小时。

　　长时间使用手机，危害[7]是显而易见[8]的：

　　首先是影响身体健康。一方面，看手机占用[9]了人们大量时间，使人们减少了应有的运动。另一方面，人们玩手机的时候，常采用[10]的是一些不健康的姿势[11]。此外[12]，长时间看手机，眼病发生的可能也大大增加。

　　其次是带来心理上的变化。一些人患[13]上手机强迫[14]症，过一段时间不看手机，心里就不舒服；哪天没带手机，一整天都坐立不安[15]。

　　手机上瘾[16]还影响我们正常的生活和学习。很多大学生上课时通过手机上网，耽误了听课；上班族工作时间上网或游戏的情况也不在少数。甚至很多人回到家中，也几乎把时间都用在了手机上，夫妻间少了正常的交流，影响感情。

　　智能手机给我们出了一道怎样抵御[17]诱惑[18]的考题。我们应该给自己制订[19]一个时间表，到规定时间就关机。此外，全家人在一起的时候，最好不要玩手机。如果可能，每月选择一两天，关掉手机，走进大自然，丰富自己的生活。如果你感到一刻也离不开手机，那么去找心理医生，看看自己是不是患了手机依赖症，然后踏踏实实[20]接受治疗[21]，降低对手机的依赖吧！

（全文字数：约590字）

（节选自《健康时报》，2013年10月24日，略有改动）

词语例释

1　你有手机依赖症吗？

依赖：依靠别人或事物而不能自立或自给；各个事物或现象互为条件而不能分离。

依赖父母／依赖他人／产生依赖／相互依赖

① 孩子从小过分依赖父母，走入社会以后独立性就差。
② 我不想依赖别人。

③ 工业和农业是相互依赖的两大国民经济产业。

2. 长时间使用手机，危害是**显而易见**的。

显而易见：显，明显。形容事情或道理很明显，很容易看清。

① 可再生能源的开发利用在经济上带来的好处是显而易见的。
② 与世界软件大国相比，中国的差距是显而易见的。
③ 显而易见，语言表达能力只有在实践中不断地锻炼，才能培养起来。

3. **一方面**，看手机占用了人们大量时间，使人们减少了应有的运动。**另一方面**，人们玩手机的时候，常采用的是一些不健康的姿势。

一方面……另一方面……：并列复句关联词，分别陈述事情的两个方面。

① 青年罗华一方面希望在数学上取得成就，另一方面又献身于追求社会正义的事业。
② 教育的文化功能，一方面是传播文化，另一方面是发展文化。
③ 人与人之间的交流过程一方面丰富了人们的知识，另一方面又拉近了人们之间的距离。

4. 我们应该给自己**制订**一个时间表，到规定时间就关机。

制订：拟定，创制计划、目标、时间表等。

制订计划 / 制订目标 / 制订时间表

① 制订计划要讲求实际，实事求是。
② 多年来，他坚持每周给自己制订计划，并按计划严格执行。
③ 一开学我就给自己制订了一个明确的学习目标。

报刊长句

1. 智能手机的普遍使用，为我们带来了许多方便，同时也改变着我们的生活习惯。
   　　　　　使用　　带来　　方便　　　　改变　　　　习惯
2. 智能手机给我们出了一道怎样抵御诱惑的考题。
   　　　　手机　　　出　　　　　　　考题

练习

一 给下列动词搭配适当的词语

依赖 _____   打发 _____

危害 _____   占用 _____

采用 _____   抵御 _____

制订 _____   治疗 _____

二 选词填空

| 依赖　　显而易见　　一方面……另一方面……　　制订　　患　　上瘾　　踏实 |

1. 我们可以在这里安静_____地休息，而不用担心被打扰。

2. 他玩起游戏来特别_____，可以不吃饭、不睡觉。

3. 要想取得良好的学习效果，学生就必须养成主动思考的习惯，减少对教师的_____。

4. 这个讲座的主要内容是关于大学毕业生如何_____职业规划的。

5. 污染区儿童的_____病率比正常地区的儿童高2～6倍。

6. 在高速公路上超速行驶的危害是_____的。

7. 他决定假期期间出去打工，_____可以自己挣点儿学费，_____，可以增加一些社会实践经验。

三 用自己的话或原文中的关键句子概括下面一段话的主要内容

　　智能手机给我们出了一道怎样抵御诱惑的考题。我们应该给自己制订一个时间表，到规定时间就关机。此外，全家人在一起的时候，最好不要玩手机。如果可能，每月选择一两天，关掉手机，走进大自然，丰富自己的生活。如果你感到一刻也离不开手机，那么去找心理医生，看看自己是不是患了手机依赖症，然后踏踏实实接受治疗，降低对手机的依赖吧！

四 根据课文内容选出正确的答案

1. 根据课文，手机的普遍使用给我们带来了哪些影响？（　　）
   A. 加快了信息的传播速度　　B. 拉近了人与人之间的距离
   C. 让交流变得更加简单　　　D. 改变了人们的生活习惯

2. 长时间使用手机对身体的影响表现在哪些方面？（　　）
   A. 影响心脏功能　　B. 危害视力健康
   C. 影响夫妻感情　　D. 患上手机强迫症

3. 课文中谈到的克制手机依赖症的办法是什么？（　　）
   A. 制订手机使用时间表并严格执行
   B. 拒绝智能手机，换用最普通的手机
   C. 上课或上班的时候关闭手机
   D. 养成读纸质书本的好习惯

4. 本文的主要内容是什么？（　　）
   A. 智能手机给我们的生活带来方便
   B. 美国人均每天使用手机的时间增加
   C. 手机依赖症的危害及解决办法
   D. 夫妻和家人之间的交流不可缺少

五 请尽量用以下词语进行话题讨论

| 依赖 | 打发 | 危害 | 显而易见 | 占用 |
| 强迫 | 上瘾 | 制订 | 踏实 | 治疗 |

1. 你每天使用手机多长时间？你经常使用手机做什么？
2. 你觉得自己有手机依赖症吗？为什么？

快速阅读

阅读一（字数：约620字；阅读与答题的参考时间：10分钟）

不少人有下班沉默症

祝卓宏

生活中，常有一些人上班时侃侃而谈，回到家却疲惫懒言。这些上下班判若两人的人群，似乎患上了"下班沉默症"。此前，《中国青年报》一项调查显示，83.1%的受访者坦言自己在不同程度上患有"下班沉默症"。

之所以有这么多人"下班沉默"，跟紧张忙碌的职场生活有关。如今职场竞争激烈，在高强度的工作中，人们的身体不停地运转，体力消耗过多；再加上还要处理复杂的人际关系，一天忙下来，让人身心疲惫。特别像医生、教师、销售员以及一些服务行业的工作人员，上班需要不断跟人交流，是下班沉默的高发人群。他们下班后宁愿一个人待着，也不想多说话，甚至家人唠叨几句，就会火冒三丈。

下班沉默当然不是一件好事。如果回到家总是沉默，会让爱人焦虑不安、揣测怀疑，造成夫妻关系紧张。同时，一个人如果长期处于不想说话的状态，也不利于自己的身心健康。

要改变这种状态，下班沉默者们首先需要自我察觉，找出上班过累的原因，是工作能力不足、同事关系紧张，还是工作方式不对，岗位不适合自己，或者是压力太大。

其次，试着找出一些应对方法，比如改善工作方式，让自己放松，培养一些爱好，周末多陪伴家人，或每月定期找一位值得信任的朋友，交流近期的工作生活。

家人也不要责备这些下班沉默者，应对他们给予理解和帮助。比如开展一些趣味性的家庭活动或周末节假日出去玩，都是帮他们充电的好办法。此外，一个拥抱、一个亲密的动作也能让他们获得安慰和支持。对用人单位来说，也应创造相对宽松的劳动环境，注重文化建设，注重对员工的人文关怀。

（节选自《健康时报》，2013年11月7日，略有改动）

回答问题

1. "下班沉默症"最容易发生在哪些人中？
2. "下班沉默"会对人们产生哪些危害？
3. 根据课文，造成"下班沉默"的原因有哪些？
4. 你自己和家人分别应该怎样应对"下班沉默症"？

阅读二（字数：约 600 字；阅读与答题的参考时间：10 分钟）

没有秘诀的养生之道

任 重

当今人民生活水平普遍提高，长寿老人并不少见。可是能在 93 岁高龄时每天和年轻人一样，保证十多个小时高质量工作，还能组织完成国家重大项目的老人未必很多，我父亲任继愈却做到了。观察他的生活特点，一些做法对他保持身体健康的确有益。

第一 勤于做事

我父亲始终能保持积极向上的心态，在大的方面，坚持思考、研究问题，关注国计民生；小的方面，有益的事不分大小，能做的都去做，生活十分充实。保持良好心态，加强自身修养，不断制订新的目标，让思想有依托，这是养生简单而有效的途径。

第二 摸索规律

人与人的情况千差万别，要结合自己的情况，寻找一套适合自己的办法。我父亲多年来，不管工作多忙，到晚上九点多就去休息，早晨四五点钟起床，既保证了一定的睡眠时间和质量，又保证了较高的工作效率。饮食上他常年坚持简单、按时、按量原则，食物种类大众化，没有特殊要求，从不大鱼大肉暴饮暴食，也从不服用任何营养品。

第三 积极休息

为了让身体保持良好状态，我父亲在工作之余，通过做不同的事情，运动身体各个部位，达到休息调整的目的。他每天坚持写毛笔字，还定时定量散步。他坚持大量阅读，周末去听讲座，从各个方面获取信息，和他谈话很难察觉他已是九旬老人。此外，他还喜欢照相、听京剧和交响乐、收集光盘等。

老年人长寿也许真的不难，我父亲就是实例。最后用他的话提醒老年朋友："一不要感冒，二不要摔跤。"只要善于总结，大家都会发现适合自己的养生之道，生活质量也会更高。

（节选自《北京晚报》，2013 年 11 月 21 日，略有改动）

判断正误

1. "我"的父亲经常关注国家大事，勤于思考。（ ）
2. 养生最简单而有效的途径就是保持良好的心态，不断加强自身修养。（ ）

3. 老年人应该服用一些营养品。　　　　　　　　　　　　　　　　　（　　）
4. "我"的父亲爱听京剧，但不太喜欢拍照。　　　　　　　　　　　（　　）
5. 找到适合自己的养生之道才是最重要的。　　　　　　　　　　　（　　）

第七课　微博调查显示 62% 网友支持生二胎

背景知识

　　近日，中央明确提出"坚持计划生育的基本国策，启动实施一方是独生子女的夫妇可生育两个孩子的政策"。这一政策是计划生育政策的重大调整完善，是适应人口发展新形势、合乎民意的重大举措，它将对个体家庭和整个社会都产生一定的影响。政策出台后，支持和反对生二胎的朋友们各持己见，在网上展开了激烈的讨论。

词语表

1. 微博　　　　　　　　　　wēibó　　　　　（名）　　micro blog
   发微博 / 你关注我的微博了吗？
   ブログ
   블로그

2. 胎　　　　　　　　　　　tāi　　　　　　（量）　　more specifically the term means a fetus, but it can also be used to mean a child in the more general sense
   二胎 / 她不想生二胎，因为她觉得养孩子压力太大了。
   出産や妊娠の数を表す
   태 / 태아

3. 中央　　　　　　　　　　zhōngyāng　　　（名）　　central authority
   中央指示 / 中央的政策很好，但到了下面，往往不落实。
   中央
   중앙

4. 明确　　　明確　　　　　míngquè　　　　（形）　　clear and definite
   目的很明确 / 我这么做目的十分明确，就是想提高汉语水平。
   明確である
   명확하다

5. 实施　　　實施　　　　　shíshī　　　　　（动）　　to put into effect
   实施政策 / 我觉得中国实施计划生育政策很有必要。
   実施する
   실시하다

6. 独生子女　　獨生子女　　dúshēng zǐnǚ　　　　　　 to only child
   我不是独生子女，我还有一个弟弟。
   一人っ子政策
   외동

	简体	繁體	拼音	词性	释义
7	生育		shēngyù	（动）	to bear (children) / お産をする / 출산하다
	生育儿女 / 生育那么多子女，又没有教育能力，是对子女不负责任。				
8	政策		zhèngcè	（名）	policy / 政策 / 정책
	制定政策 / 政府制定了一系列吸引外资的政策。				
9	采访	採訪	cǎifǎng	（动）	to interview, to cover (news) / インタビュー / 취재하다
	接受采访 / 有一个记者要采访我，可是我的汉语不好。				
10	作为	作爲	zuòwéi	（动）	to be / ～として / ～의 신분 / 자격으로서
	作为外国人，一定要遵守中国的法律。				
11	弊端		bìduān	（名）	disadvantage, cons / 不正行為 / 폐단 / 부정
	存在弊端 / 我觉得，现行管理制度存在一些弊端。				
12	中心		zhōngxīn	（名）	centre / 中心 / 중심
	市中心 / 我家离市中心很远，上班很不方便。				
13	缺乏		quēfá	（动）	to lack, to be short of / 貧乏 / 모자라다
	缺乏交流 / 老师与学生缺乏交流，是产生误解的一个重要原因。				
14	合作		hézuò	（动）	to cooperate / 協力する / 합작 / 협력하다
	分工合作 / 为我们的合作干杯！				
15	吃苦		chī kǔ		to bear hardships, to have a rough time / 苦労する / 고생하다
	吃苦耐劳 / 我从小就能吃苦。				
16	精神		jīngshén	（名）	spirit / 精神 / 정신
	精神力量 / 现在的年轻人大多没有吃苦的精神。				
17	供养	供養	gōngyǎng	（动）	to provide for (one's family) / 供養する / 부양하다
	供养父母 / 独生子女供养老人的压力很大。				
18	开销	開銷	kāixiāo	（名）	expenditure, expenses / 出費 / 비용
	生活开销 / 我每月的开销很大。				
19	绝望	絕望	juéwàng	（动）	hopeless / 絶望する / 절망하다
	令人绝望 / 我都绝望了，幸亏你来帮助我。				

20	主妇	主婦	zhǔfù	（名）	housewife
					主婦
					주부

家庭主妇／很多现代女性都不喜欢过家庭主妇的生活。

21	个体	個體	gètǐ	（名）	individual
					個人
					개체／개인

个体经济／国家应当鼓励个体经济。

22	有限		yǒuxiàn	（形）	limited
					限りある
					한계가 있다

时间有限／我的汉语水平有限，请多原谅。

23	政府		zhèngfǔ	（名）	government
					政府
					정부

政府部门／这样的事情，政府为什么不管？

24	承担	承擔	chéngdān	（动）	to take on or undertake responsibility
					引き受ける
					담당하다

承担费用／你去医院吧，我承担费用。

课文导入

1. 你怎么看待中国的人口问题？

2. 你怎么看待"单独二胎"政策？

请根据意群阅读课文

微博调查显示／62% 网友／支持生二胎

新浪原创

近日，中央／明确开始实施／一方是独生子女的夫妇／可生育两个孩子的／"单独二胎"政策。那么，符合条件的年轻父母们／将怎样选择呢？就这个问题，新浪网／采访了两位／70后——80后的年轻妈妈，她们的经济收入差不多，但对"生不生二胎"／却有着／完全相反的态度。

生，独生子女／不利于儿童教育

80后独生女芸芸／非常高兴／看到开放单独二胎政策。作为／一名教育工作者，她从自己的孩子和学生身上／看到了／独生子女教育的弊端。比如，一些独生子女／以自我为中心，缺乏／与人合作的能力／和吃苦的精神。对此，芸芸感到／非常担心。同时／她也谈到，生二胎／可以为子女／减轻供养老人的压力。如果工作忙／没时间经常／去看父母，可以放心地／把老人交给兄弟姐妹／来照顾。

不生，"养孩成本"/和时间成本/太高

70后妈妈阳阳表示/自己对生二胎/不感兴趣。她首先是担心/养孩成本太高。幼儿园学费、早教费，加上/衣服、书本、外出游玩等，孩子每个月的开销/占家庭总开销的一半以上，这些/都让她和丈夫/感到"压力山大"。其次还有/时间成本。阳阳说，如果再生二胎，自己就只好/放弃工作/来照顾孩子。但她不想/将至少三年的时间/花在家里，成为/"绝望的主妇"。

放开二胎/对个体家庭/影响很大

新浪微博有一个/关于"生不生二胎"的调查，62%的网友/支持生二胎。北京大学教授穆光宗/表示，这一政策/对个体家庭/影响很大，但对国家和社会的影响/有限。光放开二胎/还不够，应鼓励/生育二胎，家庭养育成本/应部分外部化、社会化，政府应承担/更多的生育成本。

微博[1]调查显示62%网友支持生二胎[2]

近日，中央[3]明确[4]开始实施[5]一方是独生子女[6]的夫妇可生育[7]两个孩子的"单独二胎"政策[8]。那么，符合条件的年轻父母们将怎样选择呢？就这个问题，新浪网采访[9]了两位70后——80后的年轻妈妈，她们的经济收入差不多，但对"生不生二胎"却有着完全相反的态度。

生，独生子女不利于儿童教育

80后独生女芸芸非常高兴看到开放单独二胎政策。作为[10]一名教育工作者，她从自己的孩子和学生身上看到了独生子女教育的弊端[11]。比如，一些独生子女以自我为中心[12]，缺乏[13]与人合作[14]的能力和吃苦[15]的精神[16]。对此，芸芸感到非常担心。同时她也谈到，生二胎可以为子女减轻供养[17]老人的压力。如果工作忙没时间经常去看父母，可以放心地把老人交给兄弟姐妹来照顾。

不生，"养孩成本"和时间成本太高

70后妈妈阳阳表示自己对生二胎不感兴趣。她首先是担心养孩成本太高。幼儿园学费、早教费，加上衣服、书本、外出游玩等，孩子每个月的开销[18]占家庭总开销的一半以上，这些都让她和丈夫感到"压力山大"。其次还有时间成本。阳阳说，如果再生二胎，自己就只好放弃工作来照顾孩子。但她不想将至少三年的时间花在家里，成为"绝望[19]的主妇[20]"。

放开二胎对个体[21]家庭影响很大

新浪微博有一个关于"生不生二胎"的调查，62%的网友支持生二胎。北京大学教授穆光宗表示，这一政策对个体家庭影响很大，但对国家和社会的影响有限[22]。光放开二胎还

不够，应鼓励生育二胎，家庭养育成本应部分**外部化**、**社会化**，政府⁽²³⁾应**承担**⁽²⁴⁾更多的生育成本。

（全文字数：约 580 字）

（节选自新浪网，2013 年 11 月 16 日，略有改动）

词语例释

1. 比如，一些独生子女以自我为中心，**缺乏**与人合作的能力和吃苦的精神。

   缺乏：缺少，不足。

   缺乏勇气 / 缺乏能力 / 缺乏经验 / 缺乏沟通

   ① 缺乏合作精神的人是很难取得成功的。
   ② 现在看来，我以前对中国缺乏了解。
   ③ 我说汉语的时候，总缺乏自信。

2. 光放开二胎还不够，应鼓励生育二胎，家庭养育成本应部分**外部化**、**社会化**。

   ……化：变成某种性质或状态。"化"表示一种虚化的意义，包含变化的意思。

   现代化 / 大众化 / 城市化 / 工业化 / 复杂化 / 专业化 / 多样化

   外部化：让外部的某些事物、团体等来承担。
   社会化：融入社会中去，由整个社会来承担。

   ① 学校的宿舍很多都外部化了，食堂也都社会化了。
   ② 我认为，语言实践活动应当多样化。
   ③ 我觉得，这样会使事情复杂化。

3. 政府应**承担**更多的生育成本。

   承担：担当，担负，敢于担当责任与义务。

承担费用 / 承担责任 / 承担义务 / 承担任务

① 当发现自己的过失时，应当承担责任。
② 每个人都应当承担起爱护环境的责任。
③ 大家的旅行，大家承担费用。

报刊长句

近日，中央明确开始实施一方是独生子女的夫妇可生育两个孩子的"单独二胎"政策。
　　　中央　　　实施　　　　　　　　　　　　　　　　　"单独二胎"政策

练习

一　给下列动词搭配适当的词语

实施 _____　　　生育 _____

采访 _____　　　缺乏 _____

供养 _____　　　承担 _____

二　选词填空

| 明确　弊端　缺乏　社会化　承担　绝望　有限 |

1. 信用交易的_____很多，主要是风险较大。

2. 看到那些病人_____的样子，我决心做一名医生，来帮助他们。

3. 这次北京之行，我的目标很_____：登上长城。

4. "父亲应该在家庭教育中_____哪些责任"这个话题已成为观众关注讨论的热点。

5. 自立能力差的人，_____独立思考、判断的能力，依赖他人，难以在社会上立足。

6. 自然资源总是_____的，人的劳动能力却是无限的。

7. 随着年龄的增长，孩子的游戏越来越_____，而且，同龄儿童之间的游戏比和大人之间的游戏更为复杂、多样化。

三 用自己的话或原文中的关键句子概括下面一段话的主要内容

　　80后独生女芸芸非常高兴看到开放单独二胎政策。作为一名教育工作者，她从自己的孩子和学生身上看到了独生子女教育的弊端。比如，一些独生子女以自我为中心，缺乏与人合作的能力和吃苦的精神。对此，芸芸感到非常担心。同时她也谈到，生二胎可以为子女减轻供养老人的压力。如果工作忙没时间经常去看父母，可以放心地把老人交给兄弟姐妹来照顾。

四 根据课文内容选出正确的答案

1. 课文第一段"单独二胎"政策指的是什么？（　　）

　　A. 单亲家庭可以收养两个孩子

　　B. 生育双胞胎的夫妻可以再要一个孩子

　　C. 夫妻只要有一人是独生子女就可以生育两个孩子

　　D. 夫妻双方都是独生子女才可以生育两个孩子

2. 下面哪一项不是芸芸支持生二胎的理由？（　　）

　　A. 一些独生子女比较自私，以自我为中心

　　B. 有些独生子女与他人合作的能力较差

　　C. 生二胎可以减轻子女养老的负担

　　D. 生二胎可以增加生活的乐趣

3. 阳阳为什么不支持生二胎？（　　）

　　A. 生孩子会影响自己身材

　　B. 养二胎的时间成本太高

　　C. 没有人能帮她照顾孩子

　　D. 她是"丁克族"，不喜欢孩子

4. 北京大学穆光宗教授对"单独二胎"政策的看法是什么？（　　）

　　A. 这一政策将得到绝大多数百姓的支持

　　B. 这一政策不会对个体家庭产生较大影响

　　C. 这一政策将大大影响整个国家和社会

　　D. 更多的生育成本应由政府承担

5. 本文的主要内容是什么？（　　）

　　A. 独生子女教育存在的弊端

　　B. 关于生不生二胎的讨论

　　C. 当今社会子女养老负担过重

　　D. 越来越多的夫妇不想要孩子

五 请尽量用以下词语进行话题讨论

微博	实施	独生子女	生育	政策
弊端	缺乏	吃苦	开销	绝望

1. 在你的国家，一般家庭会选择生育几个孩子？
2. 你认为独生子女政策有哪些好处与弊端？应该怎么解决独生子女政策带来的问题？

快速阅读

阅读一（字数：约610字；阅读与答题的参考时间：10分钟）

1400人超过五成愿生二胎

万　蜜　陈竹沁　薛冰妮　谢马婷　谭晶晶

　　计划生育作为中国的基本国策，从上世纪80年代就开始严格执行，后来政策开始有所调整，比如"双独二胎"、部分省份农村地区实施第一个孩子是女孩的可以生育第二个孩子等。如今"单独二胎"重现江湖，无疑撩动了很多父母的心弦，如果放开"单独二胎"，你愿意再生吗？昨日，南都广州官微发起了该调查，有1400余人参与。

　　参与调查的网友中，55.6%的人表示愿意生二胎。36岁的刘女士表示，听到这一政策可能会实施她非常兴奋。夏女士和老公属于"单独家庭"，他们对此也关注多时。夏女士通过自己的成长经历，亲身感受到非独生子女家庭的好处。两个孩子除了互相陪伴，对学习为人处事也有很大帮助。她老公也喜欢孩子，对此也深表赞同。"两个孩子不是两倍的成本，可能是1.6倍，很多东西可以重复利用。"夏女士说，虽然家庭条件一般，但经济压力不足以影响他们是否生二胎的选择。

　　调查中，27.8%的网友表示，生育孩子成本太高，一个就够了。来自"单独"家庭的涂先生表示愿意生二胎，不过要在经济条件允许的情况下，"在广州养一个孩子都够辛苦了。"网友泥豆豆说："一个孩子我都很烦了，再说，孩子教育压力也大。老公说国家倒贴20万元也不生。"也有反对的网友认为只放开"单独二胎"是一种"歧视"，"老百姓咯就"说："为何下一代生育的事情牵涉上一代？"

另外11.7%的网友选择"不想生孩子，政策与我无关"。

虽然有支持也有反对，但记者发现，还有部分赞成放开"单独二胎"的网友认为，不管生不生，自己多了个选择，总是好事。

（节选自《南方都市报》，2013年8月4日，略有改动）

回答问题

1. 计划生育政策实施后，进行过哪些调整？
2. 夏女士愿意生二胎的原因有哪些？
3. 网友反对生二胎的主要原因是什么？

阅读二（字数：约590字；阅读与答题的参考时间：10分钟）

二宝来了，别忽视大宝的"心理需求"

徐 蓓 翟 露

在父母的想象中，两个孩子一起成长，不会孤单。但在二宝真正到来的时候，妈妈们会发现父母与大宝的亲子关系越来越紧张。如何平衡好大宝、二宝之间的关系，我们来听听儿童心理研究专家的建议吧。

1. 关注大宝的情绪状态，提前让大宝在心理上接受二宝。

曾听说一些孩子不愿妈妈再生弟弟妹妹，那么，为了避免大宝的内心冲突，妈妈最好能在二宝到来之前就让大宝喜欢上二宝。应该让大宝了解即将到来的角色变化，引导大宝做好哥哥姐姐。

2. 不要忽视对大宝的关爱，让大宝感受到妈妈是永远爱他的。

每位妈妈都会说：虽然有了二宝，但我对大宝的爱没有减少。然而，我们的行动和语言是不是也让大宝感受到了呢？爱大宝一定要让大宝知道，妈妈们可以时时对大宝说妈妈爱他，不会因为弟弟妹妹的到来而减少对他的爱。

3. 邀请大宝一起照顾二宝。

妈妈们可以在怀孕时，让大宝知道，有他的帮助，妈妈的生育才会更加顺利和愉快。二宝出生后，妈妈可以经常邀请大宝帮忙照顾弟弟妹妹，并说一些感谢鼓励的话，这样，大宝对二宝的感情就会非常好,也会更有责任心。

  4. 保证每天与大宝单独在一起的时间。

  虽然二宝的到来让妈妈们感到很忙碌,但是,妈妈们依然不能忽视跟大宝的单独相处,因为这能让大宝感受到,他在妈妈心目当中依然是独一无二的,于是就不会嫉妒你照顾二宝。

  总之,家里有两个宝宝的父母,一定要耐心、细致,努力关注大宝的内心情感需求,这样孩子才会在爱的沐浴下,学会去爱二宝、爱父母、爱家庭。

(节选自《解放日报》,2013年11月22日,略有改动)

判断正误

1. 如果大宝不接受二宝,妈妈应该对他进行批评教育。 ( )
2. 有了二宝,妈妈也应该经常对大宝说永远爱他。 ( )
3. 妈妈在怀孕时,最好把大宝交给爷爷奶奶来照顾。 ( )
4. 二宝到来时,妈妈应该把所有时间用来照顾二宝,并争取大宝的理解。 ( )
5. 这篇文章主要讲的是怎样平衡两个孩子之间的关系。 ( )

第八课　混合家庭之礼

背景知识

随着全球化进程的逐步加快，以及中西文化交流的日益频繁，跨国婚姻越来越普遍，于是出现了越来越多的中西方混合家庭。夫妻双方在成长环境、语言背景、文化传统、礼仪习俗等方面，都存在较大的差异。如何正确对待这些差异，处理好因这些差异带来的种种矛盾，成为混合家庭必须面对的一大难题。

词语表

1. 混合　　　　　　　　hùnhé　　　（动）　　to combine
   混合物／车里，几种气味混合在一起，很难闻。　　混合する
   　　　　　　　　　　　　　　　　　　　　　　　혼합하다

2. 成长　　　成長　　　chéngzhǎng （动）　　to growing up
   成长环境／每个人在成长过程中都会遇到各种　　成長する
   烦恼。　　　　　　　　　　　　　　　　　　　성장하다

3. 礼节　　　禮節　　　lǐjié　　　（名）　　etiquette
   传统礼节／听说中国农村过年有很多礼节。　　　儀礼
   　　　　　　　　　　　　　　　　　　　　　　예절

4. 差异　　　差異　　　chāyì　　　（名）　　differences, discrepancy
   存在差异／这两种语言之间存在很大的差异。　　相違
   　　　　　　　　　　　　　　　　　　　　　　차이

5. 摩擦　　　　　　　　mócā　　　（名）　　friction
   产生摩擦／两个人住一个房间，时间长了，　　　摩擦
   难免产生摩擦。　　　　　　　　　　　　　　　마찰

6. 矛盾　　　　　　　　máodùn　　（名）　　conflict
   矛盾很深／说实话，我的心里是充满矛盾的。　　矛盾
   　　　　　　　　　　　　　　　　　　　　　　모순

73

7	在所难免	在所難免	zài suǒ nánmiǎn	unavoidable
	追求梦想的路上，一次两次的失败在所难免。			免れ難い
				피할 수 없다
8	处理	處理	chǔlǐ （动）	to handle or deal with (problems ect.)
	处理关系 / 我相信你会把问题处理好的。			処理する
				처리하다
9	因素		yīnsù （名）	factor
	心理因素 / 全球变暖是自然因素和人为因素共同作用的结果。			要素
				요소
10	无微不至	無微不至	wú wēi bú zhì	deeply caring
	在生活上，他给了我无微不至的关怀和照顾。			すべての点で行き届いている
				（관심이나 보살핌이）매우 세밀하고 두루 미치다 / 미세한 것까지 이르지 않음이 없다
11	望子成龙	望子成龍	wàng zǐ chéng lóng	to harbor great ambitions for one's child, hoping they will accomplish exceptional achievements
	很多父母都望子成龙，但却给孩子增加了许多压力。			息子の出世や成功を望む
				아들이 훌륭한 인물이 되기를 바라다
12	心切		xīnqiè （形）	eager
	回家心切 / 没有人能随随便便成功，所以不要求成心切。			切実な
				마음이 절실하다
13	个性	個性	gèxìng （名）	personality, character
	培养个性 / 他是个挺有个性的人。			個性
				개성
14	培养	培養	péiyǎng （动）	to nurture
	培养人才 / 在培养孩子方面，她有自己的想法。			育成する
				양성하다 / 키우다
15	独立	獨立	dúlì （动）	independent
	独立完成 / 我们具有独立生活的能力。			独立する
				독자적으로 하다
16	自力更生		zì lì gēng shēng	to rely on one's own efforts, to stand on one's own two feet
	从小我的父母就教育我要独立自主，自力更生。			自力更生する
				자력갱생하다

17	儿媳	兒媳	érxí	（名）	daughter-in-law
	这张照片是您的儿媳吗？				息子の嫁さん
					며느리

18	女婿		nǚxù	（名）	son-in-law
	父母都希望女儿为自己找一个各方面条件都很好的女婿。				娘の旦那さん
					사위

19	养老院	養老院	yǎnglǎoyuàn	（名）	nursing home
	住进养老院／条件好的养老院，费用比较高。				老人ホーム
					양로원

20	保姆		bǎomǔ	（名）	house maid
	请保姆／为我们开门的是李老师家的保姆。				家政婦
					가정부

21	孝顺	孝順	xiàoshùn	（动）	to respect and honour one's parents, to show filial obedience
	孝顺父母／孝顺父母，是中国的传统美德。				親孝行する
					효도하다／효성스럽다

22	称呼	稱呼	chēnghu	（动）	to call, to address
	请问，怎么称呼您？				呼ぶ
					호칭

23	至于	至於	zhìyú	（介）	as to
	你先把其他事情处理好，至于这件事就交给我吧。				～に至っては
					～에 관해서는

24	对方	對方	duìfāng	（名）	the other party, the other side
	相信对方／我按照对方告诉我的路线找到了那家公司。				相手
					상대방

25	大胆	大膽	dàdǎn	（形）	bold, brave
	大胆想象／学习汉语，一定要大胆地多说。				大胆である
					대담하다

26	长辈	長輩	zhǎngbèi	（名）	elder or more senior people
	尊重长辈／您是长辈，当然要称呼您"您"了。				目上の方／年長者
					어른／손윗사람

27	看待		kàndài	（动）	to treat, to regard
	正确看待／你怎样看待这一问题？				取り扱う
					대우하다／취급하다

课文导入

1. 你怎么看待跨国婚姻或中西方混合家庭？

2. 据你了解，中西方文化、礼仪的差异表现在哪些方面？

请根据意群阅读课文

混合家庭之礼

马保奉

近年来，中西方混合家庭 / 越来越多，因 / 夫妻二人的成长环境、礼节等差异，出现摩擦、矛盾 / 在所难免，处理好了 / 会很幸福，处理不好 / 就会产生麻烦。混合家庭 / 成功与否，礼节因素 / 起着重要作用。

子 女

中西方 / 抚养、教育子女的观念不同，常常 / 会给夫妻二人 / 带来矛盾。中国父母 / 对孩子生活 / 照顾得无微不至，总爱帮他们 / 把一切 / 都安排好，并且特别关心 / 孩子的考试成绩，望子成龙心切。而西方父母 / 更注重孩子 / 个性的发展，培养他们 / 独立和吃苦的精神，教育他们 / 要"先为自己考虑" / 和"自力更生"。

老 人

中国父母 / 大老远到美国，希望和儿女 / 生活在一起。如果是 / 混合家庭，中国老人 / 仍按照传统习惯，要求儿媳或女婿 / 事事照顾，就可能 / 产生矛盾。在美国，一般认为 / 老人应该到 / 养老院去，或请保姆 / 照顾。如果老人 / 希望和儿女住在一起，儿媳或女婿 / 可能会 / 明确反对。这种做法 / 在中国 / 会被认为"不孝顺"，而在美国 / 却很正常。

称 呼

西方有些国家的孩子 / 可直接称呼 / 父母的名字，中国人 / 往往难以接受。至于 / 称呼丈夫或妻子的 / 父母，中国人的礼节是 / 随对方 / 叫"爸爸妈妈"。而西方 / 多数国家，习惯称他们为 / "先生"或"夫人"。在这种环境下，如果 / 大胆称呼 / 丈夫或妻子的父母为 / "爸爸妈妈"，老人 / 肯定会很高兴。反过来，如果 / 来到中国，见到 / 对方父母，也叫 / "爸爸妈妈"，那肯定会 / 获得好印象，可能还会 / 得到长辈的"红包"呢。

中西混合家庭中 / 出现的问题，是由 / 双方之间的 / 文化差异造成的。只有 / 正确看待 / 这些差异，多为对方 / 考虑，互相 / 适应对方，整个家庭 / 才能幸福。

混合[1]家庭之礼

近年来，中西方混合家庭越来越多，因夫妻二人的成长[2]环境、礼节[3]等差异[4]，出现摩擦[5]、矛盾[6]在所难免[7]，处理[8]好了会很幸福，处理不好就会产生麻烦。混合家庭成功与否，礼节因素[9]起着重要作用。

子 女

中西方抚养、教育子女的观念不同,常常会给夫妻二人带来矛盾。中国父母对孩子生活照顾得无微不至(10),总爱帮他们把一切都安排好,并且特别关心孩子的考试成绩,望子成龙(11)心切(12)。而西方父母更注重孩子个性(13)的发展,培养(14)他们独立(15)和吃苦的精神,教育他们要"先为自己考虑"和"自力更生"(16)。

老 人

中国父母大老远到美国,希望和儿女生活在一起。如果是混合家庭,中国老人仍按照传统习惯,要求儿媳(17)或女婿(18)事事照顾,就可能产生矛盾。在美国,一般认为老人应该到养老院(19)去,或请保姆(20)照顾。如果老人希望和儿女住在一起,儿媳或女婿可能会明确反对。这种做法在中国会被认为"不孝顺"(21),而在美国却很正常。

称 呼

西方有些国家的孩子可直接称呼(22)父母的名字,中国人往往难以接受。至于(23)称呼丈夫或妻子的父母,中国人的礼节是随对方(24)叫"爸爸妈妈"。而西方多数国家,习惯称他们为"先生"或"夫人"。在这种环境下,如果大胆(25)称呼丈夫或妻子的父母为"爸爸妈妈",老人肯定会很高兴。反过来,如果来到中国,见到对方父母,也叫"爸爸妈妈",那肯定会获得好印象,可能还会得到长辈(26)的"红包"呢。

中西混合家庭中出现的问题,是由双方之间的文化差异造成的。只有正确看待(27)这些差异,多为对方考虑,互相适应对方,整个家庭才能幸福。

（全文字数：约 600 字）

（节选自《人民日报》（海外版），2013 年 8 月 31 日，略有改动）

词语例释

1. 混合家庭成功与否,礼节因素起着重要作用。

与否：表示正反两方面的情况。是（这样）或者不是（这样）。

成功与否 / 正确与否 / 参加与否

① 一部影片成功与否,与导演的艺术功底是分不开的。
② 他十分好客,无论以前认识与否,他都非常热情。
③ 你参加与否,关系到我们节目的成败。

② 西方有些国家的孩子可直接称呼父母的名字，中国人往往难以接受。

难以：不能；不易；几乎不能。

难以想象 / 难以忘记 / 难以接受 / 难以平静 / 难以表达

① 那件事后，我的心情久久难以平静。
② 梦想终于变成现实，我心中的喜悦难以表达。
③ 我难以想象，这么难的事，你是怎么办到的。

③ 只有正确看待这些差异，多为对方考虑，互相适应对方，整个家庭才能幸福。

看待：对待，看作，视为。

正确看待 / 全面看待 / 认真看待 / 冷静看待 / 客观看待

① 我一直把你当作自己最好的朋友来看待。
② 遇到麻烦，要学会换个角度去看待。
③ 谦虚首先表现为实事求是地看待自己，有自知之明；其次表现为正确地看待他人，虚心向他人学习。

练习

一 给下列动词搭配适当的词语

混合 _____   处理 _____

培养 _____   孝顺 _____

称呼 _____   看待 _____

二 选词填空

| 差异　　在所难免　　无微不至　　至于　　与否　　难以　　看待 |

1. 那段不平凡的经历，至今让我_____忘记。

2. 刚进入一个新的领域，认识上出现一些错误_____。

3. 一部戏剧成功_____，有没有观众欣赏是首要的标准。

4. 古人云："士别三日，当刮目相看。"意思是说不要总用以前的眼光去_____他人。

5. 跟她在一起，我感到很轻松。_____她看上了我什么，那就要问她本人了。

6. 我开始意识到不同国家的人民可以存在_____，不能说谁的方式是正确的，谁的方式是错误的。

7. 作为唯一的孩子，她从小就享受着父母_____的关心和爱护，现在，她也希望能够回报父母，去尽一个女儿的孝心。

三 用自己的话或原文中的关键句子概括下面一段话的主要内容

　　中西方抚养、教育子女的观念不同，常常会给夫妻二人带来矛盾。中国父母对孩子生活照顾得无微不至，总爱帮他们把一切都安排好，并且特别关心孩子的考试成绩，望子成龙心切。而西方父母更注重孩子个性的发展，培养他们独立和吃苦的精神，教育他们要"先为自己考虑"和"自力更生"。

四 根据课文内容选出正确的答案

1. 根据课文，决定混合家庭成败与否的关键因素是什么？（　　）

　　A. 语言　　　　B. 礼节　　　　C. 感情　　　　D. 年龄

2. 下面哪一项是大多数中国父母教育孩子的观念？（　　）

　　A. 为孩子安排好一切　　　　B. 注重发展孩子的个性

　　C. 培养孩子自力更生的能力　　D. 教育孩子首先要为自己打算

3. 中西方对待老人的差异体现在哪里？（　　）

　　A. 中国父母不喜欢和子女住在一起

　　B. 美国老人希望儿媳或女婿孝顺自己

　　C. 中国子女经常请保姆照顾父母

　　D. 美国子女习惯把父母送到养老院

4. 如果美国男人称呼其中国妻子的父母为"爸爸妈妈"会怎样？（　　）
   A. 自己的父母会不高兴　　　　　　B. 妻子会觉得很奇怪
   C. 妻子的父母会很开心　　　　　　D. 妻子的父母会不习惯

5. 本文的主要内容是什么？（　　）
   A. 混合家庭的矛盾和摩擦很多　　　B. 中西方教育子女的观念不同
   C. 夫妻之间应该多一些理解　　　　D. 中西方礼节和文化的差异

五 请尽量用以下词语进行话题讨论

混合	礼节	差异	矛盾	处理
望子成龙	个性	孝顺	称呼	看待

1. 你能接受跨国婚姻吗？为什么？
2. 当跨国婚姻出现问题时，夫妻双方应该怎么做？

快速阅读

阅读一（字数：约600字；阅读与答题的参考时间：10分钟）

父母"好捉急"　大三女被相亲

何瑞琪

　　单身的你，加上单身的我，聚在一起不是"情人节"，而是"光棍节"！眼下，不止80后趁过节相亲"脱光"，连90后大学生也去"抢亲"。有婚恋网站发布调查数据，近年相亲低龄化趋势明显，半数大学生倾向于接受传统相亲。

　　小凡今年21岁，在广州某高校读大三。昨日中午，妈妈让她打扮得漂亮一点儿跟亲戚吃饭。入席后她就觉得奇怪，怎么家庭聚餐还来了一名陌生男子。那位男子介绍说自己在某单位当公务员。席间，姑姑婶婶力邀他坐小凡正对面，聊天中还有意无意就把话题往两人身上引。

　　"原来我'被相亲'了。"小凡说，其实她并不反对以90后的身份去相亲，只是父母没有与她沟通，导致见面非常尴尬。

　　小凡相亲的经历，引起不少争议。5位舍友看法各有不同，2人认为父母传染了"光棍节"认为应该的焦虑感，好像儿女毕业之后就跨入"剩男""剩女"行列。不过另外3人选择理解父母，趁早找对象，年纪越小选择的余地就越大。

父母主动带大学生子女去相亲，已不是新鲜事。近日有媒体报道，杭州某大学一个班30名女生四分之一有过一次以上相亲经历。相亲群体呈现出低龄化的趋势。

中山大学副教授柯倩婷认为，父母在相亲这件事上要把握一个度，不能直接转化为寻找结婚对象的焦虑感，甚至直接替儿女操办。值得注意的是，"光棍节"最早从校园文化中流行开来，显示出学生群体对主流文化婚姻生活的抗拒，可反映"求脱光、结成双"的愿望，也可以表达"我单身、我自豪"。无论是单身还是相亲，都是生活方式的一种选择而已。

（节选自《广州日报》，2013年11月11日，略有改动）

回答问题
1. 小凡妈妈带她跟亲戚吃饭的真正目的是什么？
2. "被相亲"以后，小凡有什么感受？
3. 舍友们怎么看待小凡妈妈的行为？
4. 中山大学柯倩婷教授怎么看待父母让孩子相亲这件事？

阅读二（字数：约620字；阅读与答题的参考时间：10分钟）

微信"朋友圈"，为啥不带长辈玩

徐 蓓

近日，在一个大学论坛上，一位女大学生发帖子，诉说在父母加了自己微信"朋友圈"后引起的种种不便。帖子里这样写道：

大家帮我评评理，看我是不是应该果断把父母拉黑？

不久前，我买了条漂亮的裙子，于是自拍并发上照片。没想到，老妈很快回复："女儿啊，在外地别穿那么短的裙子，不安全。"老爸的回复则是："都二十好几的人了，该学会存钱了，别总乱买衣服。"

和朋友去KTV，有位女友带了她的帅弟弟一起去。我拉过她弟弟合照，发到"朋友圈"给众姐妹养养眼，结果，羡慕嫉妒恨的回复没来，老爸的评论先到了："交男朋友了？什么时候带回来给我和你妈看看？"女友的弟弟看到回复，从此躲我八丈远。

我实在忍无可忍了！我该不该拉黑他们呀？

据中国地质大学江城学院最近所做的一项问卷调查结果显示：有7成大学生拒绝父母"加为好友"的请求。

至于其中的原因，除了不愿意被父母"网络监控"外，调查还显示，83%的大学生不愿意将心事告诉父母。此外，大学生们还"讨厌父母老是发一些励志和养生的长文章"。

家长关注孩子的微信，到底是为了什么？多数家长表示，只是想知道孩子在做些什么。

心理专家表示，父母与子女之间存在代沟，人际交往方式也不大相同。父母想通过微信关心孩子，却又不注意提高自身的沟通能力，改进教育方式，这样做只会压缩孩子的成长空间，引起亲子关系的对立。

专家建议，长辈最好不要轻易介入年轻人的网络社交生活。此外，长辈和年轻人平时应该多交流，线下沟通顺畅了，也就不需要到线上去了解年轻人的动向了。

（节选自《解放日报》，2013年11月15日，略有改动）

选择正确的答案

1. 那位女大学生买了漂亮的裙子发照片到"朋友圈"后，她爸爸认为怎么样？（　　）

    A. 裙子不太适合她　　　　　　　B. 不应该乱花钱

    C. 裙子太短，不安全　　　　　　D. 经常传照片不安全

2. 根据上下文，第四段中间一行"养养眼"的意思是什么？（　　）

    A. 保护眼睛　　　　　　　　　　B. 提高视力

    C. 让大家都羡慕她　　　　　　　D. 给人美的感觉和享受

3. 据调查，有多少大学生不愿意加父母为"朋友圈"好友？（　　）

    A. 50%　　　　　　　　　　　　B. 60%

    C. 70%　　　　　　　　　　　　D. 80%

4. 下面哪一项不是大学生不愿意加父母为好友的原因？（　　）

    A. 不想被父母监视　　　　　　　B. 不愿意跟父母谈心

    C. 父母总爱发励志养生的文章　　D. 父母玩"朋友圈"很不熟练

5. 根据这篇文章，长辈应该怎样做，才能改善与孩子的关系？（　　）

    A. 关注孩子的"朋友圈"，但不发表言论

    B. 经常找孩子的老师和同学了解情况

    C. 平时更多地和孩子进行面对面交流

    D. 了解年轻人热门的网络话题，融入他们的生活

第九课 不当"直升机父母"

背景知识

"直升机父母"是目前国际上流行的一个新词语,指的是那些"望子成龙""望女成凤"心切的父母,他们像直升机一样盘旋在孩子的上空,时刻监视孩子的一举一动。"直升机父母"的过分保护,使孩子失去自由成长的空间,不利于他们独立性和社会性的培养。因此,聪明的家长应该懂得适时放手,帮助孩子培养良好的品质和习惯,学习各种技能和本领,这才是他们终身享用不尽的财富。

词语表

1. 直升机　　直升機　　zhíshēngjī　　(名)　　helicopter
一架直升机 / 我买了一架玩具直升机送给您的儿子。
ヘリコプター
헬리콥터

2. 围绕　　圍繞　　wéirào　　(动)　　to centre on
围绕中心 / 我们围绕这一问题展开了讨论。
巡る / 取り囲む
둘러싸다 / ～을 중심에 놓다

3. 盘旋　　盤旋　　pánxuán　　(动)　　to spiral, to circle around
山路盘旋 / 几只燕子在空中盘旋着。
徘徊する / 旋回する
선회하다 / 빙빙 돌다

4. 弱　　　　　　ruò　　(形)　　weak
能力较弱 / 她身体弱,别让她参加这个比赛了。
弱い / 若い / 劣る
약하다

5. 人格　　　　　　réngé　　(名)　　one's moral quality
人格尊严 / 每个人都应该保持自己独立的人格。
人格
인격

6. 全面　　　　　　quánmiàn　　(形)　　comprehensive, all-encompassing
全面发展 / 我认为,这种看法不全面。
全面的に
전면적이다

7. 自主　　　　　　zìzhǔ　　(动)　　to act on one's own initiative
独立自主 / 婚姻应当自主,父母的话只是一种建议。
自分の意志で決る
자주적이다

8	师范	師範	shīfàn	（名）	training to become teachers

师范大学 / 你为什么考师范大学？

師範

사범

9	体会	體會	tǐhuì	（动）	to understand (some sort of deeper meaning) from one's own experiences

深刻体会 / 我谈谈参加这次活动的体会。

体得する

이해하다 / 체득하다

10	监视	監視	jiānshì	（动）	to watch over, to secretly monitor someone else

监视器 / 你的一举一动都在他们的监视之中。

監視する

감시하다

11	干预	干預	gānyù	（动）	to intervene, to meddle with

人工干预 / 我不喜欢干预别人的私事。

干与する

관여하다 / 참견하다

12	公平		gōngpíng	（形）	fair

公平竞争 / 机会对每个人来说都是公平的。

公平である

공평하다

13	在于	在於	zàiyú	（动）	to be determined by

生命在于运动。/ 成功在于努力。

〜による

〜에 달려있다

14	急于求成	急於求成	jíyú qiú chéng		anxious for success

做事情要有耐心，不能急于求成。

成功を焦る

객관적인 조건을 무시하고 서둘러 목적을 달성하려 하다

15	揠苗助长	揠苗助長	yà miáo zhù zhǎng		to help the plants grow taller by pulling them up from the soil, the term is used to describe excessive enthusiasm for results

不顾实际情况地揠苗助长，总是很难取得成功。

功を焦って方法を誤り、失敗するたとえ

일을 급하게 이루려고 하다가 도리어 일을 그르치다

16	需求		xūqiú	（名）	demand, need

消费需求 / 精神需求 / 人多房少，满足不了需求。

需要

수요 / 필요

17	逐渐	逐漸	zhújiàn	（副）	gradually, bit by bit

逐渐长大 / 逐渐进步 / 我逐渐找到了适合自己的学习方法。

徐々に

점점

18	待命		dàimìng	（动）	to await orders, to stand-by
	随时待命 / 他带领部下在公司待命。				命令を待つ
					명령을 기다리다
19	应急	應急	yìng jí		to take immediate action to meet an urgent demand
	应急处理 / 这只是一个应急办法，治标不治本。				応急
					긴급 상황에 대처하다
20	后备	後備	hòubèi	（形）	reserved, back-up
	后备军 / 后备队伍 / 要加强青年员工的培训，积极培养后备人才。				後備
					후보의 / 예비의
21	电源	電源	diànyuán	（名）	electric curren
	电源线 / 电源开关 / 发生火灾一定要及时切断电源。				電源
					전원
22	人生		rénshēng	（名）	one's life journey
	人生理想 / 人生道路 / 青少年时期是人生中的重要时期。				人生
					인생
23	成熟		chéngshú	（形）	mature
	条件成熟 / 时机成熟 / 这两年他成熟了不少。				成熟
					성숙하다

课文导入

1. 你身边有没有"直升机父母"？你怎么看待他们？

2. 父母应该怎样培养孩子的独立性和社会适应能力？

请根据意群阅读课文

不当 / "直升机父母"

李雅婷

"直升机父母"，是指那些 / 整天围绕在 / 孩子身边、像直升机 / 一样盘旋、什么都管、无微不至的父母。北京安定医院专家 / 崔永华说："有直升机父母的孩子，看着 / 好像很幸福，但这样的孩子 / 社会适应能力弱、人格发展 / 不全面。"他指出，相对来说，自主性培养方式下的孩子 / 能力更高，与父母的关系 / 也 / 更好。

不仅是 / 刚进校的小学生，大学里 / "直升机父母" / 也并不少见。北京师范大学王锐敏老师 / 对此 / 深有体会。有些"直升机父母" / 经常监视孩子，要求孩子 / 电话或短信告诉他们 / 现在在哪儿、和谁 / 在一起、正在 / 干什么。当孩子与室友 / 发生矛盾时，他们会

马上 / 进行干预。如果孩子 / 考试成绩不好，自己又觉得 / 不公平时，会跟教授 / 打电话。

之所以 / 会这样，很大原因在于 / 教育观念 / 不科学，比如 / 急于求成、揠苗助长、对孩子 / 要求过高等。

其实，孩子想要自主的需求 / 会随着年龄的增长 / 而逐渐增加。进入学校后，孩子们 / 一般很喜欢交友，愿意 / 与同龄人玩。特别是对于 / 已经进入大学的孩子 / 来说，他们很希望 / 独立自主。

与其做个 / 24小时待命的直升机，不如做个 / 应急后备电源。在 / 孩子上学前，父母要 / 做好心理准备，因为 / 这是孩子 / 走出家庭的 / 人生第一步。

随着孩子 / 逐渐长大，父母应照顾他们的 / 心理需求，把他们当作 / 一个成熟的个体，减少自己 / 在孩子发展过程中的干预。比如，鼓励孩子 / 自己做决定，并承担责任；让孩子 / 自己解决 / 与室友、同学发生的矛盾；在 / 采购生活用品上，只给建议，不给决定等。

不当"直升机[1]父母"

"直升机父母"，是指那些整天围绕[2]在孩子身边、像直升机一样盘旋[3]、什么都管、无微不至的父母。北京安定医院专家崔永华说："有直升机父母的孩子，看着好像很幸福，但这样的孩子社会适应能力弱[4]、人格[5]发展不全面[6]。"他指出，相对来说，自主[7]性培养方式下的孩子能力更高，与父母的关系也更好。

不仅是刚进校的小学生，大学里"直升机父母"也并不少见。北京师范[8]大学王锐敏老师对此深有体会[9]。有些"直升机父母"经常监视[10]孩子，要求孩子电话或短信告诉他们现在在哪儿、和谁在一起、正在干什么。当孩子与室友发生矛盾时，他们会马上进行干预[11]。如果孩子考试成绩不好，自己又觉得不公平[12]时，会跟教授打电话。

之所以会这样，很大原因在于[13]教育观念不科学，比如急于求成[14]、揠苗助长[15]、对孩子要求过高等。

其实，孩子想要自主的需求[16]会随着年龄的增长而逐渐[17]增加。进入学校后，孩子们一般很喜欢交友，愿意与同龄人玩。特别是对于已经进入大学的孩子来说，他们很希望独立自主。

与其做个24小时待命[18]的直升机，不如做个应急[19]后备[20]电源[21]。在孩子上学前，父母要做好心理准备，因为这是孩子走出家庭的人生[22]第一步。

随着孩子逐渐长大，父母应照顾他们的心理需求，把他们当作一个成熟[23]的个体，减少自己在孩子发展过程中的干预。比如，鼓励孩子自己做决定，并承担责任；让孩子自己解决与室友、同学发生的矛盾；在采购生活用品上，只给建议，不给决定等。

（全文字数：约560字）

（节选自《健康时报》，2013年9月16日，略有改动）

词语例释

1. 当孩子与室友发生矛盾时,他们会马上进行**干预**。

   干预:过问或参与别人的事。

   人工干预 / 全面干预 / 干预行动 / 干预措施 / 干预政治

   ① 作为夫人,他没有权力干预公司事务。
   ② 父母过多干预孩子的生活,很容易让孩子产生逆反心理。
   ③ 这是人家的私事,我不便干预。

2. 之所以会这样,很大原因**在于**教育观念不科学,比如急于求成、揠苗助长、对孩子要求过高等。

   在于:正是;就是;取决于;决定于。

   ① 一年之计在于春。/ 生命在于运动。
   ② 他最大的错误在于骄傲自满。
   ③ 这次活动的目的在于体验生活,激发兴趣。

3. **与其**做个 24 小时待命的直升机,**不如**做个应急后备电源。

   与其……不如……:选择复句关联词,用于比较两件事情的利害得失而后决定取舍。"与其"后跟不赞成或应该放弃的一面,"不如"后跟赞成或支持的一面。

   ① 与其在这儿等着,还不如直接过去找他。
   ② 与其为失败找借口,不如为成功找方法。
   ③ 与其说寓言是浪漫主义文学,不如说是现实主义文学更为贴切。

报刊长句

"直升机父母",是指那些整天围绕在孩子身边、像直升机一样盘旋、什么都管、无微不至的父母。

"直升机父母" 是指

父母

练 习

一 给下列动词搭配适当的词语

围绕 _____   体会 _____

监视 _____   干预 _____

二 选词填空

> 全面　　干预　　在于　　急于求成　　逐渐　　与其……不如……　　成熟

1. 这次失败的经历使他想明白了许多事情，变得_____起来。

2. 通过研究，老人_____总结出江山方言的一些特点。

3. 发展教育不能_____，把目标定得太高，而要一步一个脚印地稳步走。

4. 《九章算术》_____系统地总结了中国古代数学的成就，是世界著名数学著作之一。

5. 人们之所以看不到地壳变化，原因_____这种变化非常缓慢，而人的生命又极其短暂。

6. _____说这是一种社会文化现象，_____说这是一种新生的社会经济现象。

7. 人工影响天气是指在适当的天气条件下，通过人工_____，使天气过程发生符合人类愿望的变化。

三 用自己的话或原文中的关键句子概括下面一段话的主要内容

　　"直升机父母"，是指那些整天围绕在孩子身边、像直升机一样盘旋、什么都管、无微不至的父母。北京安定医院专家崔永华说："有直升机父母的孩子，看着好像很幸福，但这样的孩子社会适应能力弱、人格发展不全面。"他指出，相对来说，自主性培养方式下的孩子能力更高，与父母的关系也更好。

四 根据课文内容选出正确的答案

1. 关于"直升机父母",下面哪一项不正确?（　　）
   A. 有"直升机父母"的孩子人格发展不全面
   B. 有"直升机父母"的孩子生活很幸福
   C. 有"直升机父母"的孩子缺乏社会适应能力
   D. 是指帮孩子安排好一切、把孩子照顾得无微不至的父母

2. "直升机父母"经常监视并干预孩子生活的原因是什么?（　　）
   A. 孩子上大学后他们觉得孤单　　B. 想走进孩子的生活
   C. 对学校教师缺乏信任　　D. 缺乏正确的教育观念

3. 根据课文,进入学校后的孩子们更希望过怎样的生活?（　　）
   A. 独立自主的　　B. 依赖父母的
   C. 轻松愉快的　　D. 丰富多彩的

4. 家长应该怎么做,才能让孩子更好地成长?（　　）
   A. 做24小时待命的"直升机"　　B. 经常帮孩子做决定
   C. 减少在孩子成长过程中的干预　　D. 完全让孩子自由发展

5. 本文的主要内容是什么?（　　）
   A. "直升机父母"不利于孩子的健康发展
   B. 家长和孩子之间存在很多矛盾
   C. 当今孩子的独立性越来越弱
   D. 大学生的心理健康问题备受关注

五 请尽量用以下词语进行话题讨论

| 直升机 | 围绕 | 人格 | 全面 | 自主 |
| 监视 | 干预 | 在于 | 急于求成 | 成熟 |

1. 如果你的父母是"直升机父母",你会怎么做?
2. 在你的国家,父母们一般怎么教育孩子?

快速阅读

阅读一（字数：约590字；阅读与答题的参考时间：7分钟）

高考报名要不要设门槛

王 蔚

长沙市一名14岁的少年近日在报名参加高考时遭到拒绝，此事引发了高考要不要设年龄和学历门槛之争。

据报道，14岁少年小聪，在长沙芙蓉区招生办报名参加普通高校招生考试时遭到拒绝，理由是没有"高中毕业或同等学力"。其父王先生感到很无奈。据王先生介绍，小聪2岁开始阅读，3岁识字2000个，5岁直接升读小学二年级。初二时，王先生便让孩子回家自学。退学之后，小聪学会了十多种乐器，高中的文化课程也自学完成。王先生说，相比其他在校生，儿子有很多特长，文化课成绩也不错，不能因为没学历就不让参加高考。

教育部明确规定，高考报名需满足高中毕业或具有同等学力的条件。如果报名者确实很优秀，高考报名该不该设立门槛？

有专家提出，小聪作为个案，应该给他一个机会。对此，上海交通大学附属中学校长徐向东并不认同，认为在家学习不可取。他说："对青少年来说，学习不仅仅是学书本上的知识，更要学做人，学社会本领，学为人处事，而这只有在学校集体环境里才能学好。"不过，对于一些"资优生"可不可以提早高考的问题，徐向东说，现在的高中统一学习三年，对个别学生来说可能是一种浪费。

教育时评专家熊丙奇说，从扩大受教育权的角度来说，高考制度不应该设定什么门槛，但设定门槛又很有必要。如果没有门槛，会引发许多问题和矛盾。比如很多高一、高二学生参加高考，有的学校也会组织学生报名。这样一来，就会拉高录取线，对想要考大学的学生是一种冲击。

（节选自《新民晚报》，2013年11月20日，略有改动）

回答问题

1. 王先生为什么认为儿子可以参加高考？
2. 教育部规定高考报名的条件是什么？
3. 徐向东为什么觉得在家学习不可取？
4. 熊丙奇为什么认为高考设定门槛很有必要？

阅读二（字数：约 550 字；阅读与答题的参考时间：7 分钟）

爸爸应该多带带孩子

关 菲

电视剧《小爸爸》热映，不少人都在谈论男人带孩子这个话题。有研究表明：由男性带大的孩子在学校里成绩往往更好，将来走向社会也更容易成功。

爸爸带大的孩子确实有一定优势。中国知名育儿专家林怡非常同意这个观点。爸爸和妈妈在孩子生活中的角色是不同的。妈妈心思细腻，对孩子的关心常局限于日常护理和人身安全上，而爸爸在孩子眼中则是英雄般英勇善战的野性力量。

不像妈妈带孩子那样怕摔了、碰了，动不动就大惊小怪"不能这样""不能那样"。爸爸带孩子则比较"粗糙"，他们会带孩子参加爬山、冲浪、跑步等户外运动。这样的孩子喜欢把目光看向外面更广阔的世界，探索欲、求知欲和学习能力也更强。

爸爸和妈妈的思维方式和教育着眼点也不同。爸爸看问题一般比较深远，掌握的信息也更丰富，平时喜欢跟孩子聊些政治、时事、人生价值等话题。妈妈相对来说更关注细节，带大的孩子相对缺乏一种大局观。

"聪明不一定仅仅指智商，还包括性格、价值观、人生态度和情商，爸爸的参与能让孩子在这方面学到更多。"苗辉建议爸爸们即使工作再忙，也应该每天至少花一个小时的时间跟孩子玩耍，尤其是家里有女婴的爸爸更要如此。

当然，在孩子教育这件事上，母亲的臂膀虽不及父亲坚实，却更温柔、更体贴，给孩子一种家的归属感。母亲无微不至的呵护和关爱对于孩子的成长和发展来说也是必不可少的。

（节选自《健康时报》，2013 年 9 月 19 日，略有改动）

判断正误

1. 林怡认为妈妈带大的孩子更有优势。（　　）
2. 爸爸喜欢带孩子进行爬山、跑步、冲浪等户外运动。（　　）
3. 妈妈对孩子的教育主要表现在细节上。（　　）
4. 苗辉建议爸爸们多抽出时间来带孩子。（　　）
5. 这篇文章认为父爱比母爱更重要。（　　）

第十课 职场90后："我喜欢"更重要

背景知识

俗话说，"条条大路通罗马"，"三百六十行，行行出状元"。但走哪条路，干哪一行，则需要进行慎重地选择。有人认为，兴趣是职业选择需要考虑的首要因素，因为兴趣是最好的老师，是成功的前提。也有人认为，工资、福利、环境、工作体面与否等因素也十分重要。面对"我喜欢"和"还不错"的争论，职场新生代"90后"们将追随他们内心的呼唤，做出属于自己的选择。

词语表

1. 职场　　職場　　zhíchǎng　　（名）　　workplace
职场地位 / 近年来教师成了职场上最受欢迎的职业之一。
職場
직장

2. 面孔　　面孔　　miànkǒng　　（名）　　face
新面孔 / 九月的大学校园里又出现了许多新面孔。
顔
얼굴 / 면모 / 모습

3. 引发　　引發　　yǐnfā　　（动）　　to trigger, to initiate
引发讨论 / 这一现象引发了人们的讨论。
誘発する
일으키다 / 야기하다

4. 争议　　爭議　　zhēngyì　　（动）　　to dispute
饱受争议 / 新计划引起不少争议。
論争する
논쟁하다

5. 主流　　主流　　zhǔliú　　（名）　　mainstream
主流文化 / 中国历史上，统一始终是发展主流。
主流
주류

6. 关注　　關注　　guānzhù　　（动）　　to follow (the unfolding of events) with interest
引起关注 / 地球变暖已引起全世界的关注。
関心をもつ
주시하다 / 관심을 가지다

7	焦点	焦點	jiāodiǎn	（名）	focal point
	矛盾焦点 / 一时间这件事成了人们议论的焦点。				焦点
					초점

8	出路		chūlù	（名）	resolution, way out
	寻找出路 / 选择专业时，我们应该认真思考未来的出路。				活路 / 進路
					발전의 여지 / 통로

9	律所		lǜsuǒ	（名）	law firm
	一家律所 / 听说他毕业后进了一家律所。				法律事務所
					법률 사무소

10	实习	實習	shíxí	（动）	to practice
	实习单位 / 这段实习经历是我永远难忘的宝贵记忆。				実習する
					실습 / 견습

11	市场营销	市場營銷	shìchǎng yíngxiāo		marketing
	我将来想做市场营销工作。				マーケティング
					마케팅

12	存在		cúnzài	（动）	to exist
	普遍存在 / 两地文化相近，但是还是存在差异。				存在する
					존재하다

13	状态	狀態	zhuàngtài	（名）	condition
	精神状态 / 我很快把自己调整到最佳状态。				状態
					상태

14	现实	現實	xiànshí	（名）	reality
	现实生活 / 现实就是如此，不能脱离现实。				現実
					현실

15	意味着	意味著	yìwèizhe	（动）	to signify, to mean, to imply
	一次失败，并不意味着永远失败。				意味する
					의미하다 / 나타내다

16	激发	激發	jīfā	（动）	to excite, to stimulate
	激发兴趣 / 这个方法有利于激发学习兴趣。				引き起こす
					불러일으키다 / 분발시키다

17	安慰		ānwèi	（动）	to comfort another
	心理安慰 / 我不知道该怎么安慰她。				慰める
					위로하다

18	被动	被動	bèidòng	（形）	passive
	被动地位 / 我们不能选择老师，只能被动接受。				受け身である
					피동적이다 / 수동적이다

19	指望		zhǐwàng	（动）	to count on or rely on
	指望不上 / 我没有指望找回钱包，钱包却被送回来了。				あてにする
					기대하다 / 간절히 바라다

20	无限	無限	wúxiàn	（形）	limitless 無限 끝이 없다 / 무한하다
	无限风光 / 他们好像有无限的购买力。				
21	期待		qīdài	（动）	to expect, to look forward to, to wait in hope 期待する 기대하다 / 바라다
	期待胜利 / 我期待着去中国农村参观。				
22	毫不犹豫	毫不猶豫	háo bù yóuyù		have no hesitation whatsoever 躊躇もせずに 조금도 주저하지 않다
	他毫不犹豫地选择放弃，把机会让给了我。				
23	战争	戰爭	zhànzhēng	（名）	war 戦争 전쟁
	发动战争 / 我是个容易矛盾的人，脑子里总是充满各种各样的"战争"。				
24	年纪	年纪	niánjì	（名）	age 年 / 年齢 나이 / 연령
	上了年纪 / 妈妈总说，等我到了她的年纪，就理解父母的辛苦了。				
25	包袱	包袱	bāofu	（名）	baggage 悩みの種 짐 / 부담
	背上包袱 / 我总有这个思想包袱，所以总不开心。				
26	失去		shīqù	（动）	to lose 失う 잃다 / 잃어버리다
	失去联系 / 我不想失去你这个朋友。				

课文导入

1. 选择职业时，你考虑的因素都有哪些？

2. 选择职业时，"我喜欢"和"还不错"哪个更重要？

请根据意群阅读课文

职场90后："我喜欢" / 更重要

张天一

近年来，职场开始出现 / "90后"们的面孔。就像 / 曾经引发各种争议的"80后" / 一样，这群 / 被认为"个性""非主流"的年轻人，能不能 / 顺利走向社会，成为 / 人们关注的焦点。

到了大四，各种关于毕业出路的问题 / 开始出现，一位同学 / 找我吃饭，和我聊 / 他的烦恼。他不知道 / 自己毕业后 / 该走哪个方向。他是 / 法律专业的，已经拿到了 / 一份美国律所的offer。

这样/一份工作，是很多人/可望而不可即的。可这个朋友/告诉我，通过/过去的实习，他感觉自己/并不是很喜欢/法律的工作，他/更喜欢/市场营销。这也是/毕业生中/普遍存在的现象。这个世界上，事情/分两种，一种/是理想状态下的，叫作/"我喜欢"。另外一种/是现实状态下的，叫作/"还不错"。

"我喜欢"，意味着/去选择生活，去做自己想做的、适合自己的、能够激发热情的事情。"还不错"，更像是一种/自我安慰，是一种/被动的舒服。

放弃了/自己选择/"我喜欢"，又怎么/指望环境/来选择"还不错"？一个/不去试试"我喜欢"的人，甚至/都不会知道/自己的"还不错"/是什么，只能/无限降低自己的期待/与想法，最后/把一个/其实是很差的状态/当作了/"还不错"。

于是，当那位年轻朋友/来问我的意见时，我毫不犹豫地/告诉他，应该/去做市场营销。当人遇见/"我喜欢"和"还不错"的战争时，你应该/支持"我喜欢"，因为/在我们这个年纪——没有任何包袱/轻装上路的年纪，我们可以失去的/太少，而我们能够得到的/有无限可能。

职场[1]90后："我喜欢"更重要

近年来，职场开始出现"90后"们的面孔[2]。就像曾经引发[3]各种争议[4]的"80后"一样，这群被认为"个性""非主流"[5]的年轻人，能不能顺利走向社会，成为人们关注[6]的焦点[7]。

到了大四，各种关于毕业出路[8]的问题开始出现，一位同学找我吃饭，和我聊他的烦恼。他不知道自己毕业后该走哪个方向。他是法律专业的，已经拿到了一份美国律所[9]的offer。

这样一份工作，是很多人可望而不可即的。可这个朋友告诉我，通过过去的实习[10]，他感觉自己并不是很喜欢法律的工作，他更喜欢市场营销[11]。这也是毕业生中普遍存在[12]的现象。这个世界上，事情分两种，一种是理想状态[13]下的，叫作"我喜欢"。另外一种是现实[14]状态下的，叫作"还不错"。

"我喜欢"，意味着[15]去选择生活，去做自己想做的、适合自己的、能够激发[16]热情的事情。"还不错"，更像是一种自我安慰[17]，是一种被动[18]的舒服。

放弃了自己选择"我喜欢"，又怎么指望[19]环境来选择"还不错"？一个不去试试"我喜欢"的人，甚至都不会知道自己的"还不错"是什么，只能无限[20]降低自己的期待[21]与想法，最后把一个其实是"很差"的状态当作了"还不错"。

于是，当那位年轻朋友来问我的意见时，我毫不犹豫[22]地告诉他，应该去做市场营销。当人遇见"我喜欢"和"还不错"的战争[23]时，你应该支持"我喜欢"，因为在我们这个年纪[24]——没有任何包袱[25]轻装上路的年纪，我们可以失去[26]的太少，而我们能够得到的有无限可能。

（全文字数：约560字）

（节选自《新闻午报》，2013年11月24日，略有改动）

词语例释

1 就像曾经**引发**各种争议的"80后"一样,这群被认为"个性""非主流"的年轻人,能不能顺利走向社会,成为人们关注的焦点。

引发:引起,触发。

引发争议 / 引发危机 / 引发疾病 / 引发兴趣 / 引发战争

① 民俗表演引发了大家对中国文化的浓厚兴趣。
② 这个观点的提出,引发了大家的辩论。
③ 不遵守交通规则,是引发事故的主要原因。

2 这样一份工作,是很多人**可望而不可即**的。

可望而不可即:可以看到却无法接近。形容看似可以到达或实现,而实际上很难到达或不能实现。

① 在我眼里,他太高大了,让我觉得可望而不可即。
② 不要总认为梦想可望而不可即,只要你足够努力,总有一天能实现你的梦想。
③ 人生有太多想得到的东西,但大多数都是可望而不可即的,我们应该珍惜眼前拥有的一切。

3 "我喜欢",**意味着**去选择生活,去做自己想做的、适合自己的、能够激发热情的事情。

意味着:表明,包含,意指。

意味着进步 / 意味着胜利 / 意味着放弃 / 意味着信任

① 爱情意味着付出和信任。
② 在美国,棕色的皮肤意味着健康,是健康美的标志。
③ 一个人具有某一国籍,就意味着享受和承担这个国家法律规定的权利和义务。

报刊长句
1. 就像曾经引发各种争议的"80后"一样，这群被认为"个性""非主流"的年轻人，年轻人 能不能顺利走向社会，成为人们关注的焦点。 能不能　走向社会　成为　　　焦点 2. "我喜欢"，意味着去选择生活，去做自己想做的、适合自己的、能够激发热情的事情。 "我喜欢"　意味着去选择生活　去做　　　　　　　　　　　　　　事情

练 习

一 给下列动词搭配适当的词语

引发 _____　　关注 _____

存在 _____　　激发 _____

期待 _____　　失去 _____

二 选词填空

焦点　存在　意味着　可望而不可即　安慰　指望　毫不犹豫

1. 这一事件迅速成为人们关注的_____。

2. 如果拒绝他，就_____我将失去人生的一次机会。

3. 我没有_____在这次比赛中得第一，只要不落在最后就行。

4. 凡是汽车集中的城市，普遍_____较为严重的大气污染问题。

5. 我就是这样一个人，想做的事情，会_____地去做。

6. 在过去，村里人虽然羡慕城里人的生活，但那种生活对他们来说却是_____的。

7. 小杨一直_____我不要难过，情况会慢慢地好起来的。

三 **用自己的话或原文中的关键句子概括下面一段话的主要内容**

　　于是，当那位年轻朋友来问我的意见时，我毫不犹豫地告诉他，应该去做市场营销。当人遇见"我喜欢"和"还不错"的战争时，你应该支持"我喜欢"，因为在我们这个年纪——没有任何包袱轻装上路的年纪，我们可以失去的太少，而我们能够得到的有无限可能。

四 **根据课文内容选出正确的答案**

1. 人们对"90后"的印象通常是怎样的？（　　）

   A. 独立自主　　　　B. 很有个性　　　　C. 能承担重任　　　　D. 不喜欢上班

2. 对于美国律所的工作，这位同学为什么感到烦恼？（　　）

   A. 他对出国没兴趣　　　　　　B. 法律工作压力大

   C. 他的专业不对口　　　　　　D. 不是他喜欢的工作

3. 下面关于"我喜欢"和"还不错"的解释，哪一项正确？（　　）

   A. "我喜欢"是对自己的一种安慰

   B. "我喜欢"意味着去做适合自己的事情

   C. "还不错"是一种非常理想的状态

   D. "还不错"的工作往往收入很高

4. 本文想要表达的主要观点是什么？（　　）

   A. 做选择时应该丢掉思想包袱

   B. 失去一些机会并不可怕

   C. 年轻人应该选择自己喜欢的职业

   D. 找工作时更应该考虑现实

五 请尽量用以下词语进行话题讨论

| 职场 | 争议 | 关注 | 出路 | 状态 |
| 现实 | 意味着 | 激发 | 被动 | 期待 |

1. 在你的国家，什么样的工作受欢迎？为什么？
2. 在你的国家，年轻人一般怎么选择工作？

快速阅读

阅读一（字数：约500字；阅读与答题的参考时间：6分钟）

职场路上五块绊脚石

余淑君

职场路上，人人都希望"长风破浪会有时，直挂云帆济沧海"。但下面5种错误的想法却会像绊脚石一样，阻挡我们前行的路。

1. 不展示成绩。性格内向的人习惯默默奉献或独当一面，不爱展示成绩，但这是自我中心的不成熟表现。没人会用放大镜关注我们的能力，要敢于展现自己的才华，才有"伯乐"。建议时常以请领导指导的方式汇报工作情况，恰当地让领导了解自己的成绩。

2. 不愿承担责任。勇敢之人和懦弱之人的区别只在一念间。不敢承担责任的人，难以成功。不妨"先把鞋子扔过墙"，先接下任务，给自己压力和动力，然后逼自己前行。

3. 推脱和抱怨。畅销书《当和尚遇到钻石》中讲道：经理让罗奇收购十万克拉钻石，事后却坚持说自己要的是一万克拉。罗奇没有争辩，而是认真思考，策划出"心形钻"方案，掀起抢购热潮。因此，有问题积极面对，才能解决。

4. 不体察领导的意思。有人勤奋敬业，却不擅长与领导沟通。领导重视效率，他却过于求精，显得做事慢、能力差。俗话说："干活不由东，累死也无功。"善于体察领导的需要，才更容易得到肯定。

5. 不会说"不"。有人对任务来者不拒，却无力完成，结果失去信任。能够有礼有节地拒绝，才是负责、坦诚、值得信赖的表现。

（节选自《齐鲁晚报》，2013年11月24日，略有改动）

回答问题

1. 职场路上的绊脚石都有哪些？
2. 职场上应该怎样向领导展示自己的成绩？
3. 怎样做一个敢于承担责任的人？
4. 《当和尚遇到钻石》这本书讲了一个怎样的故事？

阅读二（字数：约590字；阅读与答题的参考时间：8分钟）

低年级大学生热衷跑招聘会

金 恒

职业生涯教育是大学生的"必修课"，然而，一些学生并不满足于此，他们热衷于跑招聘会。在昨天举办的上海中医药大学秋季校园招聘会上，记者就看到了许多低年级学生的面孔。

近年来，中医药专业人才的需求很热，健康咨询、养生保健、生物医药、医疗机构等行业提供了大量工作机会。据上海中医大学工部介绍，今年各专业本专科、硕博士毕业生1726人，仅本场招聘会便提供了近4000个就业岗位。

与师兄师姐端着简历、在摊位前正襟危坐不同，低年级学生背着书包，三五成群，在展台前寻找着自己感兴趣的岗位，拿份岗位介绍，与工作人员聊聊天。

来自中药学院的大三女生小王是招聘会志愿者，一大早，她就遇到了许多来"赶场子"的同学。她说："这是我第二次做招聘会志愿者，一方面是来帮帮忙，另一方面是想看看企业用人有什么要求，确定自己未来的发展目标。"小王比较喜欢做研究，跑完招聘会，她觉得医药销售、健康顾问并不适合自己，不如先考个研究生，将来进入药企或研究所工作。

小李是护理专业的大二男生，作为一名准男护士，将来走上就业市场必定是个香饽饽，不过他还想再看一看，"男生从事护理工作，体力上比较有优势，但是我想，一开始还是要从事自己更喜欢的工作。"小李更感兴趣的还是生物医药企业，大一那年他在招聘会上和一家生物营养品公司取得联系，获得了暑期实践的机会，"虽然在公司里做的是琐碎的工作，但是对于职场氛围、自身能力的提高等有了切身体会。"

（节选自《新民晚报》，2013年11月21日，略有改动）

判断正误

1. 大学里，很多低年级学生喜欢跑招聘会。（　　）
2. 高年级学生参加招聘会非常轻松，有时还和工作人员聊天。（　　）
3. 小王参加招聘会是为了确定未来发展目标。（　　）
4. 小王希望自己将来能从事医药销售或者健康顾问行业。（　　）
5. 小李认为护理工作有利于提高自身能力。（　　）

第六～十课单元测试题

答题参考时间：100 分钟　　　　　　　　　　　　　　　　　分数：_____

一　给下列动词搭配适当的词语（10 分）

制订 _____　　　　治疗 _____

缺乏 _____　　　　承担 _____

处理 _____　　　　看待 _____

体会 _____　　　　干预 _____

激发 _____　　　　期待 _____

二　选词填空（15 分）

| 缺乏　　与否　　在于　　存在　　社会化　　意味着　　急于求成　　显而易见 |
| 无微不至　　可望而不可即　　与其……不如……　　一方面……另一方面…… |

1. 这个目标太难了，对我来说，它几乎是_____的。

2. 一个企业如果_____人才，是很难向前发展的。

3. _____用华丽的外表装饰自己，_____用丰富的知识武装自己。

4. 作为教师，只有让学生感受到_____的爱，学生才会对你敞开心扉，畅所欲言。

5. 年轻_____要走很长的路，暗示着我们有足够的时间去争取幸福，去收获不凡。

6. 一个人成功_____，主要取决于他有多么勤奋努力，而不是他有多聪明。

7. 环境保护工作虽然取得了很大进展，但环境污染和生态破坏现象仍然_____。

8. 俄罗斯著名作家列夫·托尔斯泰曾经说过，人的生命不_____长度，而是深度。

9. 我们永远无法改变昨天，这一点_____。

10. 作为一名企业管理人员，_____要有过硬的专业技术，_____也要有一定的领导才能。

三 请按正确的语序将下列各个句子组成完整的一段话（9分）

1. A. 那么去找心理医生
   B. 看看自己是不是患了手机依赖症
   C. 如果你感到一刻也离不开手机

   正确的语序是：（　　）（　　）（　　）

2. A. 只有正确看待这些差异
   B. 整个家庭才能幸福
   C. 多为对方考虑，互相适应对方

   正确的语序是：（　　）（　　）（　　）

四 完型填空（12分）

（一）

从　　以　　比如　　作为

_____一名教育工作者，她_____自己的孩子和学生身上看到了独生子女教育的弊端。_____，一些独生子女_____自我为中心，缺乏与人合作的能力和吃苦的精神。

（二）

也　　只　　却　　之间　　通过

心理专家表示，父母与子女_____存在代沟，人际交往方式_____不大相同。父母想_____微信关心孩子，_____又不注意提高自身的沟通能力，改进教育方式，这样做_____会压缩孩子的成长空间，引起亲子关系的对立。

五 用自己的话或原文中的关键句子概括下面各段的主要内容，字数不要超过30个（9分）

1. 教育时评专家熊丙奇说，从扩大受教育权的角度来说，高考制度不应该设定什么门槛，但设定门槛又很有必要。如果没有门槛，会引发许多问题和矛盾。比如很多高一、高二学生参加高考，有的学校也会组织学生报名。这样一来，就会拉高录取线，对想要考大学的学生是一种冲击。

2. 中山大学副教授柯倩婷认为，父母在相亲这件事上要把握一个度，不能直接转化为寻找结婚对象的焦虑感，甚至直接替儿女操办。值得注意的是，"光棍节"最早从校园文化流行开来，显示出学生群体对主流文化婚姻生活的抗拒，可反映"求脱光、结成双"的愿望，也可以表达"我单身、我自豪"。无论是单身还是相亲，都是生活方式的一种选择而已。

3. 小李是护理专业的大二男生，作为一名准男护士，将来走上就业市场必定是个香饽饽，不过他还想再看一看，"男生从事护理工作，体力上比较有优势，但是我想，一开始还是要从事自己更喜欢的工作。"小李更感兴趣的还是生物医药企业，大一那年他在招聘会上和一家生物营养品公司取得联系，获得了暑期实践的机会，"虽然在公司里做的是琐碎的工作，但是对于职场氛围、自身能力的提高等有了切身体会。"

阅读：（45分）

阅读一（22分）

中国高校毕业生就业地选择显分化新趋势

旧年尾、新年初的当下，正是中国高校毕业生跑场应聘的高峰季。中国青年人在就业地选择上初显一种分化新趋势，即来自二三线城市的学生更愿意选择回到家乡，而来自小城镇和农村地区的毕业生留在一线城市的比例则相对较高。

新近加入湖南长沙一家杂志社工作的邓宇刚刚拿到了车牌号。"早几年就看中了这款车，今天总算给它配上车牌了。"邓宇言谈中带着喜悦。

从北京某高校编辑出版学专业毕业后，小邓在北京辗转于几家媒体工作，却在不断攀升的房价和各种压力下失去了对这座城市的归属感。几个月前，他最终选择了逃离北（京）上（海）广（州）。

"虽然工作量相比北京并没有轻松多少，但总算有种安定下来的感觉。"他说。

面对一线城市年复一年持续上涨的房价，许多家乡在二三线大中型城市的年轻人，回乡立业成家，有亲友的帮忙，有熟悉的环境，经济压力也小得多，幸福指数自然相当高。

当邓宇们选择逃离"北上广"时，也有一些年轻人做出了相反的选择。

周萍萍是邓宇的大学同学，她的家乡是安徽阜阳的一个小镇。自毕业后，她就一直在北京一家文化公司从事编辑工作。为了节省房租，她和本科同学一起在京郊昌平租了一个单间。尽管日常的工作强度比较大，她却也甘之如饴。

"毕竟周末还可以去参加一些精彩的读书讲座或海外交流活动，或者和同在北京打拼的同学聚会，为找寻新的创业机会展开'头脑风暴'。"她说。

数据显示，2014年，中国高校毕业生人数将达到727万人，就业压力巨大。

北京市教委日前启动了高校毕业生就业服务季活动。在服务季期间，将集中举办至少130场面向高校毕业生的中等规模供需见面活动，预计参会单位在1万家以上，可提供毕业生就业工作岗位10万个。这种规模是其他中小城市所不能比及的。

"很多专业在北京比在地方好就业，未来成功的机会也大得多。"周萍萍说。

至于会不会一直留在北京，她的态度则显得随性而自然。她说："现在家乡省会的房价也快要破万了，既然都是要租房，找工作，倒不如选择在北京闯一闯。其实就算一直租房也没什么不好，只是选择一种不同的生活方式。"

事实上，他们班里留在北京就业的十多个外地学生中，近80%是小城镇或农村的年轻人。在另外两所理工科为主的北京高校，这种现象也比较明显。

中国教育科学研究院研究员储朝晖认为，城市和农村毕业生选择就业地时出现一定程度的分化，主要由于两个原因：一是由于现实条件的差异；二是由于期望值的差异。

谈及对毕业生就业取向的建议，储朝晖研究员则表示，就业仅仅是人生规划中的一个环节，毕业生应结合自己的优劣势，更加理性地进行取舍。

（节选自新华网，2014年1月26日，有改动）

（一）判断正误，正确的打√，错的打×（16分）
1. 来自二三线城市的学生毕业后更愿意留在北上广等一线城市。（　　）
2. 来自小城镇和农村地区的毕业生往往选择回到家乡创业。（　　）
3. 邓宇觉得来到长沙以后，有了安定下来的感觉。（　　）
4. 周萍萍毕业后一直在北京一家传媒公司当记者。（　　）
5. 周萍萍喜欢参加北京丰富多彩的读书讲座、海外交流活动及同学聚会。（　　）
6. 北京市教委启动了大规模的高校毕业生就业服务季活动。（　　）
7. 周萍萍认为回到地方工作，未来成功的可能性更大。（　　）
8. 周萍萍班里留在北京就业的外地学生中，大多是小城镇或农村的年轻人。（　　）

（二）回答问题（6分）
1. 在储朝晖研究员看来，城市和农村毕业生选择就业地时出现一定程度的分化，主要原因有哪些？（3分）

2. 谈及对毕业生就业取向的建议，储朝晖研究员给出了怎样的建议？（3分）

阅读二（23分）

最容易毁孩子的七种家庭教育

1. 父母对孩子有过高的期望且追求完美

由于父母不想让自己失望，就不断地给孩子施加压力。当孩子为了家长的期望不断迎合的时候，他就失去了自我，他的生命状态不再自在和流畅。他只能紧紧地抓住他付出了这么大的代价得来的"优秀"。这样"优秀"的孩子，是一枚炸弹，随时会被引爆，不是炸伤别人，就是炸坏自己。有一个统计数字，即大学中有心理疾病的孩子，有23%在初高中被公认是"很优秀"者。但孩子又是千差万别的，即使是父母威逼利诱也有很多无法达到父母的期望，因而产生自卑和逆反心理。

2. 对孩子不满意时就贬损、责罚

其实，孩子不能让父母满意的时候已经很内疚，这个时候父母再责骂他，会让愧疚变成反感，再到破罐子破摔，或是暂时隐忍不发作，却从此埋下了心理疾病的引子，随时可能爆发。

3. 拿自己的孩子跟别人比

这是绝大部分家长的通病，当家长经常把自己的孩子和别人的孩子做比较的时候，孩子也会认为自己无能，从而丧失自信，走向自卑。

4. 有条件地满足孩子的需要

你考第一名就买旅游鞋，你进入前五名我们就全家去旅游。很多家长都把这个视为一种对孩子合理开明的奖惩举措。殊不知，这带给孩子潜意识的讯息是：符合爸爸妈妈的标准，才是被爱的。然后孩子会为了得到父母的爱付出失去自己的代价。

5. 预言孩子没出息

预言孩子没出息有两种后果，一是你越说他没出息，他越没出息，就完全丧失斗志和学习能力，最终实现你的预言。另一种孩子，你越说他没出息，他越要证明自己有出息，但是一辈子活在"证明"中，失去自我，也丧失了生活的智慧和让自己幸福的智慧。

6. 代替孩子做选择

孩子的心理独立期有三个阶段，分别是3岁、9岁和12岁。小的时候，孩子自己吃饭，父母应关怀而不干涉，不要说"你都吃到衣服上了，我来喂吧"。再或者孩子想穿什么衣服你也要代为选择。还有不声不响为孩子报了钢琴班，都是不智之举。家长总是在用"自己的头脑"操控孩子，但是忽视了代替的过程就是剥夺孩子成长的过程。你剥夺了孩子某方面的成长，孩子就丧失了某方面的能力。

7. 不信任孩子

不相信孩子有控制能力，不相信孩子其实可以做到，彻底毁灭了孩子的自尊心和上进心。培养孩子成才，应该先让孩子成人，否则各种各样的问题儿童只会越来越多。

【总结】

父母教育孩子的过程，就是把自己的状态调整到平静和喜悦的过程。平静和喜悦的状态就是爱！教育孩子的过程，也是心胸拓宽的过程。改变孩子很容易，当你"容"下孩子时，孩子就"易改变"了。

（节选自新浪网，2014年1月27日，有改动）

（一）判断正误，正确的打√，错的打×（16分）

1. 大学里有不少初高中时在校表现较差的孩子患上了心理疾病。（   ）
2. 很多孩子因为无法达到父母的期望，最终产生自卑和逆反心理。（   ）
3. 家长不要经常拿自己的孩子和别人的孩子做比较。（   ）
4. 孩子考了第一名，家长就给予一定奖励，这种做法是科学合理的。（   ）
5. 有的孩子，越说他没出息，他越容易丧失奋斗动力和学习能力。（   ）
6. 孩子的心理独立期有三个阶段，分别是4岁、8岁和12岁。（   ）
7. 家长替孩子选择培训班，有利于孩子的全面发展。（   ）
8. 不信任孩子，不相信孩子有控制能力，最终会打击孩子的自尊心和上进心。（   ）

（二）回答问题（7分）

1. 预言孩子没出息，会产生哪些后果？（3分）

2. 在作者看来，父母应该怎样更好地教育培养孩子？（4分）

第十一课　中国女星到好莱坞学到什么

背景知识　如今，越来越多的好莱坞大制作邀请华人女星担任主角，中国女星在好莱坞电影中的分量越来越重。中国女星去好莱坞演戏已成潮流。那么，好莱坞为什么喜欢华人女星？华人女星去好莱坞演戏，又能学到什么呢？

词语表

1　明星　　　　　　　　míngxīng　　（名）　　star
足球明星 / 他是中国最受欢迎的篮球明星吗？
有名人
스타 / 유명인

2　参与　　参與　　　　cānyù　　　　（动）　　to participate in
参与公司管理 / 我不参与这件事，这件事与我无关。
参加する
참여하다 / 개입하다

3　制作　　製作　　　　zhìzuò　　　　（动）　　to produce
制作方法 / 听说这种食品的制作方法非常复杂。
制作
제조 / 제작하다

4　挑战　　挑戰　　　　tiǎo zhàn　　　　　　　to challenge
迎接挑战 / 我准备迎接挑战，做好这次会议的翻译。
挑戦する
도전 / 도전하다

5　角色　　　　　　　　juésè　　　　（名）　　role or part
重要角色 / 我知道他，他在那部电影里扮演过一个重要角色。
役割
역할

6　惊喜　　驚喜　　　　jīngxǐ　　　　（形）　　surprise
给……惊喜 / 他买了一大束花，想给女朋友一个惊喜。
驚き / サプライズ
써프라이즈

7　同行　　　　　　　　tóngháng　　（名）　　people of the same trade or occupation
同行业者 / 我和他都是记者，我们是同行。
同業 / 同業者
동종 업계의 사람

8	收获	收穫	shōuhuò	（名）	reward, gain
	很大的收获 / 参加这次语言实践活动，我有很大的收获。				收穫 수확 / 성과

9	交际	交際	jiāojì	（动）	to communicate
	交际能力 / 交际能力是一种很重要的能力。				交際 교제

10	擅长	擅長	shàncháng	（动）	to be good at
	擅长演讲 / 他口才很好，擅长演讲。				堪能である 재주가있다 / 뛰어나다

11	创作	創作	chuàngzuò	（动）	to create
	文艺创作 / 我们班表演了一个汉语节目，是我们自己创作的。				創作する 창작하다

12	氛围	氛圍	fēnwéi	（名）	atmosphere
	学习氛围 / 图书馆的学习氛围非常浓厚。				雰囲気 분위기

13	体验	體驗	tǐyàn	（动）	to practice
	不同的体验 / 去不同的地方旅游会有不同的体验。				体験する 체험（하다）

14	开阔	開闊	kāikuò	（动）	to be open to
	开阔眼界 / 你还是应当多出去走走，开阔开阔眼界。				ひろげる (생각이나 마음이) 탁 트이다

15	眼界		yǎnjiè	（名）	one's vision or horizon
	大开眼界 / 这次参观让我大开眼界。				視野 시야 / 안목

16	概括		gàikuò	（动）	to summarise
	概括地说 / 概括地说，明朝家具有三个特点。				総括する 개괄하다 / 요약하다

17	一系列		yīxìliè	（形）	a series of
	一系列问题 / 语言不通，生活会遇到一系列问题。				一連の 일련의 / 연속의

专有名词

1	好莱坞	好萊塢	Hǎoláiwū		Holly wood ハリウッド 할리우드
2	周迅		Zhōu Xùn		name of a person ジョウ・シュン 저우쉰

3 范冰冰　範冰冰　Fàn Bīngbīng　name of a person
ファン・ビンビン
판 빙빙

课文导入

1. 你喜欢的华人女明星是谁？
2. 请给同学讲一讲你最喜欢的一部电影。

请根据意群阅读课文

中国女星／到好莱坞／学到什么

电影圈／现在／流行一句话／："×××又要去好莱坞了。"中国明星／更多地参与／好莱坞大片的制作了，那么／去好莱坞演戏，究竟／能学到什么呢？

周迅／在好莱坞的第一部作品／选择了／《云图》，并且／在里面／挑战了／三个不同的角色。此前，周迅／在接受采访时／称《云图》／之所以／吸引她，是因为／团队中有／她喜欢的导演汤姆·提克威／和沃卓斯基姐弟；此外，她／还能／与一些优秀的演员／一起演戏；而且，整个故事的讲述方式／也／让她很惊喜。实际上，在合作的过程中，周迅／确实／学到了很多东西。"与他们合作，能累积经验。我想看看／自己喜欢的同行／是怎么工作的。"对周迅来说，在《云图》中／能学习到／优秀演员表演时的一些经验，是／此次／最大的收获。

观众／对范冰冰最近几年在华语片的表现／评价很高。和女导演李玉的合作，让她／在证明自己不是花瓶的道路上／大大跨出了好几步。但在《钢铁侠3》中的客串，看起来／让范冰冰／一下子成了个笑话。然而实际上，和好莱坞电影制作人的合作，让／本来就很有事业心的范冰冰／学到很多东西，其中／最重要的／就是／积攒人脉。交际／本来就是／范冰冰所擅长的，但是／与国际电影人之间的交际，和以前与华语电影人／交际不同，范冰冰明白，自己要有／拿得出手的电影作品。"我觉得／有机会／到国外走走，可以／非常真实地感受到／他们的电影创作氛围，这是／很棒的体验，同时可以／开阔眼界。"范冰冰概括得很简单。但／从她的一系列作品来看，她在好莱坞／表现得很不错。除了／早就确定的／《日月人鱼》，还有她／目前／正在拍摄的／《X战警前传2》，都是／范冰冰／努力学习的结果。

中国女星到好莱坞学到什么

电影圈现在流行一句话："×××又要去好莱坞了。"中国明星[1]更多地参与[2]好莱坞大片的制作[3]了，那么去好莱坞演戏，**究竟**能学到什么呢？

周迅在好莱坞的第一部作品选择了《云图》，并且在里面挑战[4]了三个不同的角色[5]。此前，周迅在接受采访时称《云图》**之所以**吸引她，**是因为**团队中有她喜欢的导演汤姆·提克威和沃卓斯基姐弟；此外，她还能与一些优秀的演员一起演戏；而且，整个故事的讲述方式也让她很惊喜⁽⁶⁾。**实际上**，在合作的过程中，周迅确实学到了很多东西。"与他们合作，能累积经验。我想看看自己喜欢的同行⁽⁷⁾是怎么工作的。"对周迅来说，在《云图》中能学习到优秀演员表演时的一些经验，是此次最大的收获⁽⁸⁾。

观众对范冰冰最近几年在华语片的表现评价很高。和女导演李玉的合作，让她在证明自己不是花瓶的道路上大大跨出了好几步。但在《钢铁侠3》中的客串，看起来让范冰冰一下子成了个笑话。然而实际上，和好莱坞电影制作人的合作，让本来就很有事业心的范冰冰学到很多东西，其中最重要的就是积攒人脉。交际⁽⁹⁾本来就是范冰冰所擅长⁽¹⁰⁾的，但是与国际电影人之间的交际，和以前与华语电影人交际不同，范冰冰明白，自己要有拿得出手的电影作品。"我觉得有机会到国外走走，可以非常真实地感受到他们的电影创作⁽¹¹⁾氛围⁽¹²⁾，这是很棒的体验⁽¹³⁾，同时可以开阔⁽¹⁴⁾眼界⁽¹⁵⁾。"范冰冰概括⁽¹⁶⁾得很简单。但从她的一系列⁽¹⁷⁾作品来看，她在好莱坞表现得很不错。除了早就确定的《日月人鱼》，还有她目前正在拍摄的《X战警前传2》，都是范冰冰努力学习的结果。

（总字数：约610字）

（节选自新华网，2013年5月27日，略有改动）

词语例释

1 中国明星更多地参与好莱坞大片的制作了，那么去好莱坞演戏，**究竟**能学到什么呢？

究竟：副词，表示进一步追究，有加强语气的作用。副词"究竟"多用于书面，口语多用"到底"。

① 你们究竟是干什么的？
② 事情的原因究竟是什么？
③ 这句话究竟有什么含义？

2 周迅在接受采访时称《云图》**之所以**吸引她，**是因为**团队中有她喜欢的导演……

之所以……是因为……："之所以"后面是事情的结果，"是因为"后面是事情的原因。强调原因。

① 我之所以生气，是因为他不尊重人。
② 你之所以没听清楚，是因为我没说清楚。
③ 雾霾之所以这么严重，是因为太追求经济发展，不注重环境保护。

③ **实际上**，在合作的过程中，周迅确实学到了很多东西。

实际上：根据客观事实来说，其实是……

① 他说他生病了，实际上，他只是不想去上课。
② 实际上，食品安全问题并非中国独有。
③ 实际上，他们做的跟说的不一样。

练习

一 给下列动词搭配适当的词语

参与 _____   擅长 _____

采访 _____   开阔 _____

体验 _____   创作 _____

二 选词填空

| 明星　交际　惊喜　同行　收获　挑战　表现 |

1. 公司在提拔干部的时候很注重考察对象的_____能力。

2. 从事同一种工作的人就叫作_____。

3. 奶奶对兰兰今天在舞蹈课上的_____很满意。

4. 姚明是美国职业篮球历史上最成功的外籍体育_____之一。

5. 现如今中国城市里面的小孩子每年平安夜的时候也都期待着_____的出现。

6. 对于辛勤劳作了一年的农民来说，秋天是_____的季节。

7. 极限运动最推崇的就是_____自我的精神。

三 用自己的话或原文中的关键句子概括下面一段话的主要内容

　　周迅在好莱坞的第一部作品选择了《云图》，并且在里面挑战了三个不同的角色。此前，周迅在接受采访时称《云图》之所以吸引她，是因为团队中有她喜欢的导演汤姆·提克威和沃卓斯基姐弟；此外，她还能与一些优秀的演员一起演戏；而且，整个故事的讲述方式也让她很惊喜。实际上，在合作的过程中，周迅确实学到了很多东西。"与他们合作，能累积经验。我想看看自己喜欢的同行是怎么工作的。"对周迅来说，在《云图》中能学习到优秀演员表演时的一些经验，是此次最大的收获。

四 根据课文内容选出正确的答案

1. 周迅在好莱坞的第一部作品是：（　　）

   A.《钢铁侠3》　　　　　　　　　B.《云图》

   C.《日月人鱼》　　　　　　　　　D.《X战警前传2》

2. 周迅在《云图》中最大的收获是什么？（　　）

   A. 开阔眼界　　　　　　　　　　B. 积攒人脉

   C. 学习优秀演员的表演经验　　　D. 成为国际知名演员

3. 范冰冰正在拍摄以下哪一部电影：（　　）

   A.《钢铁侠3》　　　　　　　　　B.《云图》

   C.《日月人鱼》　　　　　　　　　D.《X战警前传2》

4. 课文中沃卓斯基姐弟的身份是什么？（　　）

   A. 电影《云图》中的角色

   B. 电影《云图》的导演

   C. 电影《云图》的演员

   D. 电影《云图》制作团队中的成员

五 请尽量用以下词语进行话题讨论

参与	角色	惊喜	同行	收获
交际	眼界	擅长	体验	表现

1. 请你说说本国演员去外国演戏的好处和坏处。
2. 请你谈谈你喜欢的中国电影演员。

快速阅读

阅读一（字数：约620字；阅读与答题的参考时间：8分钟）

别把全民健身仅当成活动纪念日

8月5日国家体育总局公布的《2013年20～69岁人群体育健身活动和体质状况抽测工作调查结果》显示，城镇居民和乡村居民的体质都比2010年有不同程度的下降。

8月8日在奥体中心举行的全民健身日活动中，前来参与体质监测的李大爷表示出对下一代的担心："我的孩子30岁，腰围都快赶上我40岁的时候了。他们上班就坐在办公室，回家就坐在电脑前。我退休以前也一样，现在身体不行了，才每天去公园锻炼。"

"运动需要从小坚持，我们现在往往到了退休才想起来去运动。楼倒了再去修，作用能有多大呢？"青少年体育研究与发展中心副主任郭建军向记者表示，在10岁前要养成经常锻炼的习惯，"而我们通常到了60岁因为身体出了毛病才被迫去锻炼，并非出于喜爱运动。"

"老年人生的病都是从小攒的。"北京体育大学教授邢文华曾经去大连调查过，"十六七岁的高中男生，20个人中有1/3连一个引体向上都做不了。"

在青少年主题活动中，记者见到，孩子们在参加"毛毛虫竞速""袋鼠运瓜"和"超级相扑"等光听名字就能让人感兴趣的项目时十分积极。"今天的游戏很新奇，学校里的体育课通常就是跳绳和跑步。"南沙滩小学六年级的学生表示，如果每次都能玩得那么开心，就不会觉得体育课枯燥了。

郭建军担心，全民健身日的热闹很容易让人们以为"全民健身不过是孩子和老人们凑热闹"，形成"体育不过如此"的判断。其实，全民健身需要全社会的重视。"今天是全民健身日，这里出现的只有体育总局领导，现场来指导健身的医生和老师有几个呢？毕竟，体质下降不只与体育有关。"

（节选自中国青年网，2013年8月12日，略有改动）

回答问题

1. 本文介绍了哪几种居民体质下降的原因?
2. 养成锻炼身体这一好习惯的最佳年龄段是什么时候?
3. 文中提到孩子们感兴趣的运动项目有哪些?
4. 郭建军担心什么?

阅读二(字数:约640字;阅读与答题的参考时间:8分钟)

让踢球者能读好大学

恒大刚入主广州足球时,许家印制订了俱乐部的三大目标,其中第二点就提到要在未来5到8年内,实现全华班的恒大足球队。

在经过两年多的广告宣传后,恒大足校如今的名气已超出国内任何一家足校。恒大足校吸引足球学生和家长的优势主要有两点:其一,该校是由皇马青训教练负责足球训练,如今人大附中恒大皇马足校的皇马教练人数已达到22人,创下国内负责中国足球青训的外教人数最多、团队最强、水平最高、时间最长的纪录,成为中国足球青训教学水平最高的外教团队;其二,该校的基础教育工作全部由知名学校负责。

2012年3月20日,许家印在谈到开办恒大皇马足球学校的目的及需要解决的三大问题时,提到要解决好基础教育问题。许家印强调:"很多家长担心孩子球踢得不好,学习也不好。所以,我们想尽办法,从小学、初中到大学都有名校来合作办学。"

与中国人民大学合作,成立"中国人民大学恒大足球学院",标志着恒大足校正式构建起从小学到初中、从初中到高中、从高中到大学一条龙式的教育体系,真正做到了体教结合。这一点,也是目前国内其他足校,包括青训成绩最好的山东鲁能足球学校无法做到的。

中国人民大学恒大足球学院现可以招收大学生,并争取体育学硕士授予权。招生以人大附中恒大皇马足球学校学生为主,初期年度招生规模50人。人大附中恒大皇马足校的一些足球希望之星或者足球特长生,可凭借其在足球方面获得的优异成绩,通过加分入读中国人民大学恒大足球学院,让每个学生都能获得良好的训练和教育氛围。

不久以后,我们或许可以看到从恒大足校走出来的"足球林书豪"。

(节选自《羊城晚报》,2013年11月25日,略有改动)

判断正误

1. 恒大俱乐部已经建立了全华班的足球队。( )
2. 恒大足球队吸引学生和家长主要是宣传的结果。( )

3. 基础教育问题是开办恒大皇马足球学校的目的及需解决的三大问题之一。（   ）
4. 一条龙式的教育体系包括从小学到初中、从初中到高中、从高中到大学三个阶段。（   ）
5. 中国人民大学恒大足球学院初期年度招生规模为50人。（   ）

第十二课 "高铁外交"——中国外交新名片

背景知识

2008年8月，中国第一条高铁——京津城际铁路开通。时至今日，中国的高铁总里程已跃居世界第一。在国内大发展的同时，我们正在积极谋划中国高铁"走出去"，这是一个必然的选择。中国被认为在乒乓外交、熊猫外交之后，再次启动了一种新的外交形式——高铁外交。对于一直睁大眼睛观察中国的国际社会来说，"高铁外交"显然是一张新鲜的名片。

词语表

1. 高铁　　高鐵　　gāotiě　　（名）　　high speed train
京沪高铁 / 京沪高铁是中国第一条高铁。
高速鉄道
고속철도

2. 外交　　　　　　wàijiāo　　（名）　　diplomacy
外交政策 / 我了解中国的外交政策。
外交
외교

3. 名片　　　　　　míngpiàn　　（名）　　business card
精美的名片 / 我希望得到您的一张名片。
名刺
명함

4. 总理　　總理　　zǒnglǐ　　（名）　　prime minister
国务院总理 / 我注意到中国总理的表态。
総理
총리

5. 推广　　推廣　　tuīguǎng　　（动）　　to spread, to popularize
推广普通话 / 我到中国各地去，觉得中国确实应当推广普通话。
広める
널리 확충하다 / 일반화하다

6. 亮点　　亮點　　liàngdiǎn　　（名）　　highlight
新亮点 / 这次展会没有什么亮点。
注目点
하이라이트 / 빼어난점

#	简体	繁體	拼音	词性	释义
7	先进	先進	xiānjìn	(形)	advanced / 先進的な / 선진의 / 남보다 앞선
	先进的技术 / 这项产品应用了最先进的技术。				
8	可靠		kěkào	(形)	reliable / 頼れる / 믿을 만하다
	很可靠 / 他是个很可靠的人。				
9	优势	優勢	yōushì	(名)	advantage / 優勢 / 우세
	有优势 / 找工作的时候，有特长的人很有优势。				
10	演讲	演講	yǎnjiǎng	(动)	to give a speech / 講演する / 강연하다 / 연설하다
	做演讲 / 我听过他的演讲。				
11	拥有	擁有	yōngyǒu	(动)	to possess / 擁する / 所有する / 소유하다 / 지니다
	拥有财富 / 北京市内拥有众多的大学、博物馆和图书馆。				
12	建设	建設	jiànshè	(动)	to construct or build up / 建設 / 建てる / 건설하다 / 세우다
	经济建设 / 经济建设离不开科技的进步。				
13	设施	設施	shèshī	(名)	facilities / 施設 / 시설
	基础设施 / 我看见中国到处是基础设施建设。				
14	繁荣	繁榮	fánróng	(形)	prosperous / 繁栄する / 번영하다
	经济繁荣 / 经济的繁荣必然带动社会进步。				
15	潜力	潛力	qiánlì	(名)	potential / 潜在力 / ポテンシャル / 잠재력
	潜力很大 / 中国的市场潜力太大了。				
16	体现	體現	tǐxiàn	(动)	to embody, to give expression to / 具体的に表す / 구체적으로 드러내다
	体现出来 / 这种建筑体现了一种什么思想？				
17	战略	戰略	zhànlüè	(名)	strategy / 戦略 / 전략
	发展战略 / 李总介绍了他们企业的发展战略。				
18	塑造		sùzào	(动)	to mould, to shape (one's qualities) / 描き出す / 形作る / 형상화하다
	自我塑造 / 他们很注意塑造自己的企业形象。				
19	转换	轉換	zhuǎnhuàn	(动)	to exchange / 転換する / 전환하다 / 바꾸다
	角色转换 / 下午，我转换了角色，从一个汉语学生变成了一个英语老师。				

20	推动	推動	tuīdòng	（动）	to promote
	推动社会发展 / 我想推动这件事，使它成功。				推進する
					추진하다 / 촉진하다

21	领域	領域	lǐngyù	（名）	field
	文学领域 / 在汉语教学领域，大家都知道他。				領域
					영역 / 분야

22	贸易	貿易	màoyì	（名）	trade
	贸易公司 / 毕业后，我想从事贸易工作。				貿易
					무역

23	人员	人員	rényuán	（名）	member
	工作人员 / 他是这家银行的工作人员。				人員 / 要員
					인원 / 요원

24	转型	轉型	zhuǎnxíng	（动）	to transfor
	经济转型 / 经济全球化推动了企业转型。				転換する
					구조를 바꾸다 / 전환하다

25	改革开放	改革開放	gǎigé kāifàng		Chinses economic reforms in the 1980's involving opening up the country to foreign investment and market forces.
	"改革开放"就是"对内改革，对外开放"。				改革開放（中国国内体制の改革および対外開放政策のこと）
					개혁개방

26	制造	製造	zhìzào	（动）	to manufacture
	制造产品 / 这是中国制造的产品。				製造する
					제조하다 / 만들다

27	成就		chéngjiù	（名）	achievements
	伟大的成就 / 他在文学方面取得了伟大的成就。				成就 / 達成 / 業績
					성취 / 업적

28	性价比	性價比	xìngjiàbǐ	（名）	qulity-price ratio
	性价比高 / 这款车的性价比比较高。				価格性能比
					가격 대비 성능

29	和平		hépíng	（名）	peace
	热爱和平 / 发展经济，需要和平的国际环境。				平和
					평화

30	体谅	體諒	tǐliàng	（动）	to show understanding and sympathy
	体谅别人 / 他知道体谅别人。				了察する / 思いやる
					알아주다 / 이해하다

课文导入

1. 你在中国坐过高铁吗？

2. 如果你想在中国旅游，你会选择哪种交通方式？为什么？

请根据意群阅读课文

"高铁外交"——中国外交／新名片

张天一

2013年10月，在／中国高速铁路展／开幕式上，国务院总理李克强／向／泰国总理和议员／推广中国高铁／受到各界关注，成为／总理／此次／出访东南亚的／亮点。

李克强／说，中国高铁／技术先进，安全可靠，成本／具有／竞争优势。李克强／在／泰国国会演讲时／表示，中国／拥有／先进的／高铁建设能力／和／丰富的管理经验，泰国／推进／铁路等／基础设施建设／有利于／经济繁荣。两国／加强／铁路建设合作／潜力巨大，中方／对此／持积极态度。

总理／推广／中国高铁技术，体现／中国／将／高铁合作／提升至／国家战略层面，高铁／已成为／塑造中国形象的／外交名片。

网民"经济通编辑Ken"说："乒乓球、大熊猫，它们／都曾／作为／中国的／外交名片。如今，通过／积极参与／国外建设高铁，高铁外交／成为／外交新亮点。"

中国／国际问题研究所所长／曲星／表示，中国／正在／转换自身角色，以／更大自信／推动／与东盟国家的／多领域合作，进行／贸易升级。和"乒乓外交""熊猫外交"不同，"高铁外交"不仅能／增进／经济、贸易往来，还能鼓励／人员流动，促进／文化交流。

"高铁外交"／将推动／"中国制造"／转型升级。

曲星／认为，高铁／反映了／改革开放以来／"中国制造"／取得的成就。中国高铁／技术可靠，性价比／高，适合／发展中国家。

网友"小蚂蚁"说："经济转型／一直是／国家追求的／新方向。高铁／是／'中国制造'／由／粗加工／升级为／精加工／最好的证明。"

中国现代国际关系研究院／陈向阳／表示，亚太地区的／互联互通／很大程度／依靠／高铁等／基础设施建设，这是／系统工程，有利于促进／相关国家的发展。"高铁外交／体现了／周边外交的特点，即／和平、合作、互利、真诚，充分体谅／他国的／需求和想法。"陈向阳说。

"高铁⁽¹⁾外交⁽²⁾"——中国外交新名片⁽³⁾

2013年10月，在中国高速铁路展开幕式上，国务院总理⁽⁴⁾李克强向泰国总理和议员推广⁽⁵⁾中国高铁受到各界关注，成为总理此次出访东南亚的亮点⁽⁶⁾。

李克强说，中国高铁技术先进[7]，安全可靠[8]，成本具有竞争优势[9]。李克强在泰国国会演讲[10]时表示，中国拥有[11]先进的高铁建设[12]能力和丰富的管理经验，泰国推进铁路等基础设施[13]建设有利于经济繁荣[14]。两国加强铁路建设合作潜力[15]巨大，中方对此持积极态度。

总理推广中国高铁技术，体现[16]中国将高铁合作提升至国家战略[17]层面，高铁已成为塑造[18]中国形象的外交名片。

网民"经济通编辑Ken"说："乒乓球、大熊猫，它们都曾作为中国的外交名片。如今，通过积极参与国外建设高铁，高铁外交成为外交新亮点。"

中国国际问题研究所所长曲星表示，中国正在转换[19]自身角色，以更大自信推动[20]与东盟国家的多领域[21]合作，进行贸易[22]升级。和"乒乓外交""熊猫外交"不同，"高铁外交"不仅能增进经济、贸易往来，还能鼓励人员[23]流动，促进文化交流。

"高铁外交"将推动"中国制造"转型[24]升级。

曲星认为，高铁反映了改革开放[25]以来"中国制造[26]"取得的成就[27]。中国高铁技术可靠，性价比[28]高，适合发展中国家。

网友"小蚂蚁"说："经济转型一直是国家追求的新方向。高铁是'中国制造'由粗加工升级为精加工最好的证明。"

中国现代国际关系研究院陈向阳表示，亚太地区的互联互通很大程度依靠高铁等基础设施建设，这是系统工程，有利于促进相关国家的发展。"高铁外交体现了周边外交的特点，即和平[29]、合作、互利、真诚，充分体谅[30]他国的需求和想法。"陈向阳说。

（总字数：约620字）

（节选自新华网，2013年10月17日，略有改动）

词语例释

1 如今，通过积极参与国外建设高铁，高铁外交成为外交新亮点。

通过：介词，引进动作的媒介或手段，以人、事物为媒介或手段达到某种目的。

① 我通过看电视来提高汉语听力。
② 人们应该停止对抗，通过对话解决问题。
③ 我们通过努力，与中国一家企业建立了联系。

2 "高铁外交"不仅能增进经济、贸易往来，还能鼓励人员流动，促进文化交流。

不仅……还……："不仅"是连词，同"还"配合使用，表示意思进一层。

① 他不仅唱歌好，还能写一手好字。
② 我觉得孙子不仅是一位军事家，还是一位思想家。
③ 运动不仅能够丰富我们的生活，而且还能使我们保持身心健康。

③ 亚太地区的互联互通很大程度依靠高铁等基础设施建设，这是系统工程，**有利于**促进相关国家的发展。

有利于：对……有利 / 有好处 / 有帮助。指对某人或某一事物有好处，能起到帮助与促进的作用。

① 下雪有利于农作物的生长发育。
② 鼓励青年创业有利于扩大就业。
③ "一带一路"的倡仪，有利于促进相关国家的经济发展。

练 习

一 给下列动词搭配适当的词语

推广 _____   拥有 _____

建设 _____   促进 _____

制造 _____   体谅 _____

二 选词填空

| 贸易 | 名片 | 繁荣 | 外交 | 性价比 | 高铁 | 总理 |

1. 当前的房地产市场出现了虚假_____。

2. 在_____场合，要特别注重外交礼仪。

3. 世界_____组织为促进全球经济交流做出了突出贡献。

4. 对不起，我今天忘记带_____了，只能给你留个电话号码了。

5. 两国_____在会谈之后共同回答了记者的提问。

6. 一般人在购买商品时，总是选择_____比较高的。

7. 从北京到上海乘坐_____仅需要不到六个小时，比原来的普通列车耗时少一半多。

三 用自己的话或原文中的关键句子概括下面一段话的主要内容

　　总理推广中国高铁技术，体现中国将高铁合作提升至国家战略层面，高铁已成为塑造中国形象的外交名片。网民"经济通编辑Ken"说："乒乓球、大熊猫，它们都曾作为中国的外交名片。如今，通过积极参与国外建设高铁，高铁外交成为外交新亮点。"中国国际问题研究所所长曲星表示，中国正在转换自身角色，以更大自信推动与东盟国家的多领域合作，进行贸易升级。和"乒乓外交""熊猫外交"不同，"高铁外交"不仅能增进经济、贸易往来，还能鼓励人员流动，促进文化交流。

四 根据课文内容选出正确的答案

1. 文中未提及的外交亮点是：（　　）

    A. 乒乓外交　　　B. 熊猫外交　　　C. 高铁外交　　　D. 贸易外交

2. 总理向世界推广的是什么？（　　）

    A. 乒乓球　　　　B. 高铁　　　　　C. 熊猫　　　　　D. 外交名片

3. "高铁外交"成为中国新的外交名片的原因是：（　　）

    A. 网民支持　　　　　　　　　　　B. 中国高铁技术处于世界领先水平
    C. 积极推广　　　　　　　　　　　D. B和C都正确

4. 中国高铁技术推广的合作对象是什么？（　　）

    A. 美国　　　　　B. 欧盟国家　　　C. 亚太国家　　　D. 东盟国家

五 请尽量用以下词语进行话题讨论

高铁	贸易	性价比	先进	成本
优势	潜力	设施	繁荣	转型

1. 请你说说在中国乘坐高铁或者其他交通方式的感受。
2. 请你谈谈各种交通方式的优点和缺点。

快速阅读

阅读一（字数：约520字；阅读与答题的参考时间：6分钟）

"夫人外交"作用积极且直接

优雅的气质、优美的着装、亲和的微笑……陪同习近平主席出访的第一夫人彭丽媛，以东方女性独有的风度让国人和中外媒体为之倾倒。在微博上，有熬夜追她随访动态的"丽媛粉丝团"，网友称她为"彭妈妈"。

同乐团演员一起演奏、和当地农民聊天……彭丽媛平易近人的亲和形象深入人心，展现了"夫人外交"的特殊魅力。外媒称赞彭丽媛"有一种平易近人的美丽"。

从彭丽媛随习主席出访的相关报道来看，彭丽媛所起的作用积极且直接。拉美国家领导人和夫人普遍关注社会福利和民生问题，如医疗、卫生和教育，此次彭丽媛随访中参与较多的活动都和这些问题相关，如参观儿童医院等。这既符合外交上的习惯做法，也符合到访国家的实际情况。

"夫人外交"是元首出访和公共外交的重要组成部分，是领导人出访的惯例与传统。国家元首和夫人在出访内容上大体有分工，元首本人参加的活动和会谈一般政治性、经济性强，"第一夫人"则侧重文化交流和社会性活动。

民众认为，彭丽媛庄重得体、落落大方，和当地妇女儿童接触亲切自然，起到的亲善效果直接明确，体现了中国领导人夫人的风度，也展现了中国妇女的风采。参加与儿童、妇女和公益相关的活动，体现了元首夫人对公益事业的关心，有助于增加两国妇女儿童界的交流，增加对方人民对中国人民的友好感情。

（节选自新华网，2013年6月9日，略有改动）

回答问题

1. 第一夫人彭丽媛吸引别人的原因有哪些？
2. 彭丽媛随习主席出访起到了什么积极作用？
3. 国家元首和夫人在出访内容上大体有怎样的分工？
4. 民众对彭丽媛的夫人外交持怎样的态度？

阅读二（字数：约690字；阅读与答题的参考时间：8分钟）

"第一夫人" 别样外交

各国领导人出国访问，往往带"第一夫人"随行。她们的日程安排、言行举止，甚至服装打扮都成为媒体关注的热点。近些年来，不少"第一夫人"借助出访他国的机会给民众留下深刻印象。她们或精明干练，或前卫时尚，或平和亲切，成为领导人出访中的"别样风景线"，也是现代外交的重要组成部分。

穿着：出访时并无定规

根据个人的专业背景、业余爱好差异，"第一夫人"们在出访中扮演的角色各有不同。或许是因性别原因，公众对"第一夫人"衣着的观察总比对她们丈夫的更细致。

根据我国外交部网站礼宾知识介绍，在我国的外交活动中，女同志按季节与活动性质的不同可穿西装（下身为西裤或裙）、民族服装、中式上衣配长裙或长裤、旗袍或连衣裙等。

礼仪：排位有讲究

在西方文化中，国家领导人的妻子总是要陪伴着一起出席重要活动。这种传统慢慢地被国际社会接纳，成为了各国遵循的礼俗。

"第一夫人"并非职务，只是一个象征性的角色，当她身处各种领导中间，应该站在哪里、坐在哪里，甚至名字的排序都是有讲究的。在我国，夫人通常要和主席并行。跟领导人会见时，要先让主席跟对方握手，然后才轮到夫人上前握手。

到了检阅仪仗队时，夫人就要退后，站到人群中，不能和主席站在一起。主席致辞和发表演讲时，夫人也不能站在旁边，要到台下就座聆听。

工作性质：可以是"兼职"

很多第一夫人放弃了原来的工作，专职帮助丈夫，但法国第一夫人瓦莱丽坚持不当全职太太。瓦莱丽说："人们认为第一夫人就该做全职太太，不应该再做其他的事。但是，我的生活有一个原则，就是要保持独立，不让奥朗德在经济上支持我。"瓦莱丽仍继续从事记者工作，如此一来，她将成为法国历史上首位参与普通工作并领取薪水的第一夫人。

（节选自《东亚经贸新闻》，2013年3月31日，略有改动）

判断正误

1. 各国领导人都有"第一夫人"。　　　　　　　　　　　　　　　　　　　　（　　）
2. "第一夫人"们在出访中扮演的角色因人而异，但都会受到公众的细致观察。（　　）
3. 国家领导人的妻子总要陪伴丈夫一起出席重要活动的传统最早源于西方文化。（　　）
4. 夫人要和主席一同检阅三军仪仗队，然后退入到人群中去。　　　　　　　（　　）
5. 法国第一夫人瓦莱丽放弃了原来的工作，专职帮助丈夫。　　　　　　　　（　　）

第十三课　延迟退休是大势所趋

背景知识　延迟退休，也称延迟退休年龄，简称延退，是指国家综合考虑中国人口结构变化情况、就业情况而逐步提高退休年龄或延迟退休的制度。延迟退休年龄，涉及社会诸多方面，是一个大课题。目前，中国有关部门正在汇集各方意见，积极研究相关方案。

词语表

1. 延迟　　延遲　　yánchí　　（动）　to delay, to postpone
   延迟出发 / 飞机因为天气原因延迟出发。
   遅らせる
   늦추다 / 연기하다

2. 大势所趋　大勢所趨　dàshì suǒ qū　　the trend of the times
   经济合作是大势所趋。
   大勢の赴くところ
   대세의 흐름

3. 具体　　具體　　jùtǐ　　（形）　specific
   具体时间 / 开会的具体时间还没有通知。
   具体的な
   구체적인

4. 启动　　啓動　　qǐdòng　　（动）　to start
   工程启动 / 这项工程于2014年10月启动。
   開始する
   작동을 시작하다 / 개시하다

5. 实验　　實驗　　shíyàn　　（动）　to experiment
   进行实验 / 这个项目实验了两年多，还没有得出结论。
   実験する
   실험하다

6. 慎重　　　　　　shènzhòng　　（形）　cautious
   态度慎重 / 对于这个问题，他的态度很慎重。
   慎重である
   신중하다

7. 规模　　規模　　guīmó　　（名）　scale (of operations)
   规模宏大 / 我们参观的这座工厂很有规模。
   規模
   규모

8	示威		shìwēi	（动）	to hold a demonstation

游行示威 / 他们为什么游行示威？
デモをする
시위하다

9	劳动力	勞動力	láodònglì	（名）	labour

劳动力成本 / 服务业需要大量的劳动力。
労働力
노동력

10	预期		yùqī	（动）	to anticipate

预期的效果 / 这场晚会比预期的效果还要好。
予期する
예기하다

11	寿命	壽命	shòumìng	（名）	life span

寿命长 / 寿命短 / 大熊猫的寿命一般是 20～30 年。
寿命
수명 / 목숨

12	趋势	趨勢	qūshì	（名）	trend

发展趋势 / 现在的发展趋势是越来越好。
動向 / 傾向 / 趨勢
추세

13	综合	綜合	zōnghé	（动）	to composite

综合素质 / 老师说要综合考虑各种意见。
総合する
종합하다

14	就业	就業	jiù yè		to obtain employment

就业指导 / 将来的就业问题，我还没想好。
就職する
취직하다 / 취업하다

15	形势	形勢	xíngshì	（名）	circumstances

形势严峻 / 他们公司面临的形势非常严峻。
形勢
정세 / 형편

16	强调	強調	qiángdiào	（动）	to emphasise

一再强调 / 老师一再强调上课不要迟到。
強調する
강조하다

17	国情	國情	guóqíng	（名）	the condition or state of a particular country

基本国情 / 人口多是中国的基本国情。
国情
국정 / 나라의 형편

18	过渡	過渡	guòdù	（动）	to transit, to change gradually

过渡期 / 两个公司合并后需要一个过渡期。
移行する
과도하다 / 넘어가다

19	协商	協商	xiéshāng	（动）	to negotiate, to consult

共同协商 / 共同协商之后，双方签订了合同。
協議する
협상하다

20	媒体	媒體	méitǐ	（名）	media
	传统媒体／最近，媒体特别关注亚投行的建立。				メディア
					대중 매체
21	老龄化	老齡化	lǎolínghuà	（动）	aging
	老龄化社会／中国也进入了老龄化社会。				老年化
					노령화
22	出生率		chūshēnglǜ	（名）	birthrate
	出生率高／出生率低／听说，近五年来，上海的出生率都很低。				出産率
					출생률
23	探索		tànsuǒ	（动）	to explore, to probe
	探索秘密／我们国家也在探索发展的道路。				探究する
					탐색하다／찾다

课文导入

1. 什么是延迟退休？

2. 你觉得延迟退休会带来哪些变化？

请根据意群阅读课文

延迟退休／是／大势所趋

9日，全国人大代表、人保部副部长／王晓初／接受记者采访时／表示，从长远来看，延迟退休／是／大势所趋，但／具体／何时启动、采用哪种办法／都／还没有／确定，还需／多实验，再／慎重研究。

"法国／曾因／延迟退休／发生过／大规模／示威游行活动，这个问题／在国际上／也没有／一致的认识。"王晓初／表示，无论是国内／还是国外，对／延迟退休／意见／不统一，有人／希望／提前退休，有人／则／希望／推迟。

他／解释说，从长远来讲，随着／人口结构／特别是／劳动力结构变化，再加上／我国／人口预期寿命／越来越长，延长／劳动时间、延迟／退休年龄／肯定是趋势。不过，还要／综合考虑／人口结构、就业形势、老龄化预期／等／多种因素。"什么时候／启动、用什么办法，这都还没有／决定。"王晓初／强调，一定要／找到／一种／适应国情、能够平稳过渡的／办法。

上海／在／延迟退休方面／最先／进行实验：从2010年10月1日开始，职工／可以／和用人单位／协商／延迟退休，即可／最多／延长五年／退休，"男性／一般／不超过65周岁，女性／一般不超过60周岁"。不过，据／当地媒体／报道，实验／两年多，参与人数／仅／几千人。

王晓初／表示，上海／老龄化程度／全国最高，但／其老龄化高的／主要原因／是由于／新增人口／的数量／减少，出生率／非常低，这一点／就跟／北京／不一样。"实验的城市

/必须/足够多，考虑到/不同特点，比如/有的城市/出生率/并不低，但/同样/老龄化，因此/不同的城市/都要/探索，要/总结经验，再/推出/更适合的政策。"他表示，至少/近五年/没有/延迟退休的计划，还需/进一步/慎重研究。

延迟[1] 退休是大势所趋[2]

9日，全国人大代表、人保部副部长王晓初接受记者采访时表示，从长远来看，延迟退休是大势所趋，但具体[3]何时启动[4]、采用哪种办法都还没有确定，还需多实验[5]，再慎重[6]研究。

"法国曾因延迟退休发生过大规模[7]示威[8]游行活动，这个问题在国际上也没有一致的认识。"王晓初表示，无论是国内还是国外，对延迟退休意见不统一，有人希望提前退休，有人则希望推迟。

他解释说，从长远来讲，随着人口结构特别是劳动力[9]结构变化，再加上我国人口预期[10]寿命[11]越来越长，延长劳动时间、延迟退休年龄肯定是趋势[12]。不过，还要综合[13]考虑人口结构、就业[14]形势[15]、老龄化预期等多种因素。"什么时候启动、用什么办法，这都还没有决定。"王晓初强调[16]，一定要找到一种适应国情[17]、能够平稳过渡[18]的办法。

上海在延迟退休方面最先进行实验：从2010年10月1日开始，职工可以和用人单位协商[19]延迟退休，即可最多延长五年退休，"男性一般不超过65周岁，女性一般不超过60周岁"。不过，据当地媒体[20]报道，实验两年多，参与人数仅几千人。

王晓初表示，上海老龄化[21]程度全国最高，但其老龄化高的主要原因是由于新增人口的数量减少，出生率[22]非常低，这一点就跟北京不一样。"实验的城市必须足够多，考虑到不同特点，比如有的城市出生率并不低，但同样老龄化，因此不同的城市都要探索[23]，要总结经验，再推出更适合的政策。"他表示，至少近五年没有延迟退休的计划，还需进一步慎重研究。

（总字数：约570字）

（节选自《北京晨报》，2013年3月16日，略有改动）

词语例释

1 **无论**是国内还是国外，对延迟退休意见不统一，有人希望提前退休，有人则希望推迟。

无论：假设条件关系的连词，意思是"不管；不论"，表示条件不同而结果不变。

① 无论遇到什么困难，我都会想办法解决。
② 无论在哪儿，我们都应该尊重别人。

③ 无论怎样难过，我都努力保持微笑。

2 从长远来讲，**随着**人口结构特别是劳动力结构变化，再加上我国人口预期寿命越来越长，延长劳动时间、延迟退休年龄肯定是趋势。

随着：跟随，伴随着。用在句首或动词前面，表示动作、行为或事件的发生所依赖的条件。

① 随着中国经济的发展，大城市的生活成本也不断升高。
② 随着计划生育政策的推行和经济的飞速发展，中国孩子的出生率越来越低。
③ 随着农民工队伍的不断壮大，农村"留守儿童"的问题开始受到社会的关注。

3 **据**当地媒体**报道**，实验两年多，参与人数仅几千人。

据……报道：根据……的报道，表示消息来源，等同于英语中"It is reported by …"句式。

① 据当地媒体报道，爆炸发生在当地时间1日中午。
② 据外国媒体报道，加拿大的中小学校一般都有自动售货机。
③ 据世界卫生组织报道，发展中国家的农民由于缺乏科学知识和安全措施，每年有200万人农药中毒。

练 习

一 给下列动词搭配适当的词语

延迟 _____ 启动 _____

协商 _____ 探索 _____

二 选词填空

| 媒体　慎重　规模　实验　出生率　具体　寿命 |

1. 作文课上，老师要求同学们在描述人物内心世界时要做到客观、_____。
2. 简单地控制_____并不是中国人口政策的全部。

3. 健康的生活习惯可以延长自己的_____。
4. 经过不懈的努力，他的公司不仅实现了大_____经营，而且在国际上站稳了脚跟。
5. 现在，很多公司企业运用微博、微信等新_____进行宣传早已不是什么新鲜事。
6. 法庭上，法官要求证人出庭作证发表证言时一定要_____。
7. 无数次的科学_____是杂交水稻育种成功的基本途径。

三 用自己的话或原文中的关键句子概括下面一段话的主要内容

　　从长远来讲，随着人口结构特别是劳动力结构变化，再加上我国人口预期寿命越来越长，延长劳动时间、延迟退休年龄肯定是趋势。不过，还要综合考虑人口结构、就业形势、老龄化预期等多种因素。"什么时候启动、用什么办法，这都还没有决定。"王晓初强调，一定要找到一种适应国情、能够平稳过渡的办法。

四 根据课文内容选出正确的答案

1. 中国人均寿命未来会有怎样的变化：（　　）
    A. 不变　　　　B. 缩减　　　　C. 说不好　　　　D. 增加

2. 延迟退休年龄的主要原因不是什么？（　　）
    A. 劳动时间延长　B. 预期寿命延长　C. 人口结构变化　D. 劳动力结构变化

3. 文章认为，是否延迟退休年龄还要综合考虑的因素不包括：（　　）
    A. 人口结构　　B. 就业形势　　C. 老龄化预期　　D. 劳动强度

4. 王晓初对延迟退休年龄的态度是什么？（　　）
    A. 支持　　　　B. 反对　　　　C. 慎重　　　　D. 说不清

五 请尽量用以下词语进行话题讨论

| 延迟 | 退休 | 实验 | 慎重 | 劳动力 |
| 预期 | 就业 | 媒体 | 老龄化 | 出生率 |

1. 请你说说你们国家关于退休的规定。
2. 请你谈谈对延迟退休的看法。

快速阅读

阅读一（字数：约710字；阅读与答题的参考时间：8分钟）

弹性退休比延迟退休更可行

《中国社会保障改革与发展报告2012》4日在武汉发布。报告称，延迟退休目前条件并不具备，暂时不可行。"如果延迟退休年龄，带来就业岗位减少，将使大量青年不能进入劳动力市场，形成青年失业状况，由此带来一些负面影响。"

中华全国总工会、国家人社部等部门和知名高校共同参与的背景，使得这份报告具有相当的权威性和影响力。其关于"延迟退休暂时不可行，会对就业带来负面影响"的研究结论，有可能给近年来的延迟退休之争画上一个句号。

不过，否定延迟退休，固然能够成全那些渴望工作的年轻人，却没有充分照顾到一部分中老年人的社会保障、劳动权利。

是否延迟退休关系到不同年龄、不同阶层的利益，无论决策的天平倒向哪一方，都容易造成对另一方的伤害。不过，这并不意味着我们不能解决这个问题。事实上，只要换一种思维方式，把延迟退休改为弹性退休，给劳动者在退休年龄、退休方式和退休收入方面以选择权，矛盾和问题就解决了。

一方面，弹性退休照顾到劳动者之间的差异。正如中国社科院社会政策研究中心秘书长唐钧指出，男性50岁以上、女性45岁以上的企业工人，因年龄和体力问题，存在一个"就业困难期"。对于这部分体力劳动者而言，可以选择适当提前退休，让身心得到放松和休息，有一笔稳定的收入。同时，对于脑力劳动者尤其是高技术人才而言，选择适当延迟退休，有利于充分发挥才能，为社会做更多贡献。中国科学院院士王恩多说过："5个女科学家推迟5年退休，相当于国家培养出一个博士。"

另一方面，弹性退休能够有效平衡退休政策的影响。有提前退休的也有延迟退休的，不会对现有就业岗位产生太大的冲击。同时，对于社保来说，可以缓解养老金的支付压力。

因此，弹性退休比延迟退休更有可行性，值得有关部门认真研究和论证。

（节选自《青岛日报》，2013 年 8 月 7 日，略有改动）

回答问题

1. 《中国社会保障改革与发展报告 2012》认为延迟退休目前条件并不具备的原因是什么？
2. 是否延迟退休要考虑哪几个方面的人群？
3. 请概括地谈谈什么是弹性退休？
4. 弹性退休与简单的延迟退休比较，有哪些优点？

阅读二（字数：约 530 字；阅读与答题的参考时间：6 分钟）

延迟退休，民意一边倒反对是否有效

中青报社会调查中心近日对 25311 人做的"你支持延迟退休吗"的调查显示，94.5% 的受访者明确表示反对延迟退休，仅 3.2% 的受访者支持，2.3% 的受访者表示中立或未表明态度。值得注意的是，62.9% 的受访者主张对官员应严格禁止延迟退休。

有关"延迟退休"的民意调查，这不是第一次，恐怕也不是最后一次。之前，人民网发起的一项有 45 万网友参与的调查显示，有 93.3% 的人对此政策表示反对。这次调查又有 94.5% 的受访者表示反对。

尽管每个人反对延迟退休的理由或许不一样，但多次调查结果显示 90% 的受访者反对，尤其是，6 成多受访者认为应严禁官员延迟退休，说明公众对延迟退休的问题看得很清楚，即延迟退休不利于普通老百姓，而利于官员。

2011 年，人社部新闻发言人表示，人社部正慎重、积极地研究退休年龄推迟问题。2012 年人社部表示"延迟退休已是一种必然趋势"。今年两会期间，人社部负责人再次表示，延长劳动时间、延迟退休年龄肯定是趋势。从这些官方表态来看，延迟退休似乎已是大势所趋，那么，民意反对的作用就会微乎其微。

该如何来解决民意与"官意"之间的分歧呢？笔者认为，在双方意见完全不同的情况下，只能让一个独立机构来裁决了。这就好比在法庭上，双方争执不下，最后只能由法官来裁决。那么，在关于"延迟退休"这场公开博弈中，谁是最合适的"裁判"或者说"法官"呢？

（节选自《羊城晚报》，2013 年 8 月 31 日，略有改动）

判断正误

1. 调查显示,大部分民众支持延迟退休。（　）
2. 有关"延迟退休"的民意调查以后还会进行下去。（　）
3. 大部分受访者认为官员延迟退休不利于普通老百姓,而利于官员。（　）
4. 人社部表示,延迟退休不一定执行。（　）
5. 笔者知道谁是最合适的"裁判"或者说"法官",他可以裁决民意与"官意"之间的分歧。（　）

第十四课 "双十一"五年购物节折射商业生态链变化

背景知识

"双十一"指每年的11月11日，由于日期特殊，因此又被称为光棍节。而大型的电子网站一般会利用这一天来进行一些大规模的打折促销活动，以提高销售额。2013年11月11日24时，中国最有名的网上购物网站淘宝网"双十一"成交额达350.19亿元，刷新去年"双十一"创下的191亿元的纪录。网络购物对人们的生活方式、商业结构都产生了深刻的影响。

词语表

1. 折射 　　　　　　　　 zhéshè　　　（动）　　to reflect
折射出……/ 小小邮票折射了中国传统文化。
屈折する
반영하다

2. 商业 　商業　　　　　shāngyè　　（名）　　commerce
商业活动 / 有时，中国的商业活动也邀请我们留学生参加。
コマーシャル
상업 / 비즈니스

3. 促销 　促銷　　　　　cùxiāo　　　（动）　　to promote sales
促销活动 / 节日的时候，商场都会组织促销活动。
販売を促進させる
판매를 촉진시키다

4. 折扣 　　　　　　　　 zhékòu　　　（名）　　discount
打折扣 / 如果选择晚上的飞机，航空公司会给旅客更大的折扣。
ディスカウント / 割引
할인 / 에누리

5. 日期 　　　　　　　　 rìqī　　　　（名）　　date
放假日期 / 今年寒假的放假日期是1月10号。
期日
날짜 / 기간

6. 逢 　　　　　　　　　 féng　　　　（动）　　on each occasion, whenever upon such an occasion
每逢 / 恰逢 / 每逢佳节倍思亲。
出会う
만나다 / 마주치다

135

7	数据	數據	shùjù	（名）	data

数据库 / 这些数据很说明问题。

データ
데이터 / 통계수치

8	表面		biǎomiàn	（名）	surface

表面上 / 他们表面上看起来是好朋友，其实不是。

表面
표면 / 외관

9	交易		jiāoyì	（动）	to deal, to trade

土地交易 / 交易信息开始在网上公开。

取引する
거래 / 거래하다

10	模式		móshì	（名）	model

发展模式 / 这两个企业的经济发展模式完全不同。

モデル
양식 / 패턴

11	本质	本質	běnzhì	（名）	nature, innate character

本质区别 / 这两者的本质区别是什么？

本質
본질 / 본성

12	抵制		dǐzhì	（动）	to resist

抵制毒品 / 此次活动的主题是抵制毒品。

抵抗する
보이콧하다 / 배척하다

13	设置	設置	shèzhì	（动）	to set up

设置奖金 / 设置贸易壁垒对任何国家都没有好处。

設置する
설립하다

14	表态	表態	biǎotài	（动）	to declare one's opinions

明确表态 / 政府明确表态，明年将重点发展新能源产业。

態度を表明する
입장을 밝히다 / 표명하다

15	公开	公開	gōngkāi	（动）	to open, to make public

公开秘密 / 他公开了他们两个人的秘密。

公開する
공개하다

16	随意		suíyì	（形）	at will, as one pleases

随意发挥 / 这是集体活动，我不能随意离开。

随意に / 好きなように / 思いのまま
생각대로 하다 / 원하는 대로 하다

17	联合	聯合	liánhé	（动）	to unite, to ally

联合起来 / 两个班联合起来表演了一个节目。

連合する
연합하다

18	开展	開展	kāizhǎn	（动）	to launch, to develop

开展活动 / 那家超市又开展促销活动了。

展開する / 盛んに行う
전개하다 / 열리다

| 19 | 商标 | 商標 | shāngbiāo | （名） | logo, trademark |

著名商标 / 我知道，"全聚德"是中国著名商标。
商標 / トレードマーク
상표

| 20 | 宣传 | 宣傳 | xuānchuán | （动） | to disseminate, to propagate |

宣传节约用水 / 他们在路边发传单，宣传节约用水。
宣伝する
선전하다 / 홍보하다

| 21 | 投资 | 投資 | tóuzī | （动） | to invest |

投资商场 / 听说这个饭店是一个华侨投资的。
投資する
투자하다

| 22 | 频繁 | 頻繁 | pínfán | （形） | frequent |

频繁发生 / 最近，为什么频繁发生这种事？
頻繁
잦다 / 빈번하다

| 23 | 召开 | 召開 | zhàokāi | （动） | to convene |

召开会议 / 学校召开会议，讨论我们提出的各种问题。
招集する
개최하다 / 소집하다

| 24 | 融合 | | rónghé | （动） | to fuse, to merge |

互相融合 / 全球经济正在互相融合、相互促进。
融合する
융합하다

| 25 | 激烈 | | jīliè | （形） | strong, intense |

激烈的比赛 / 将来找工作竞争激烈，所以我必须学好汉语。
苛烈
맹렬하다 / 치열하다

| 26 | 残酷 | 殘酷 | cánkù | （形） | cruel |

残酷的竞争 / 市场竞争很残酷，优胜劣汰。
残酷な
잔혹하다 / 냉혹하다

| 27 | 淘汰 | | táotài | （动） | to eliminate |

淘汰对手 / 你说的那款手机早就被淘汰了。
淘汰する / セレクション
제거하다 / 추려내다

| 28 | 死亡 | | sǐwáng | （动） | to die |

死亡人数 / 第二次世界大战，约6000万人死亡。
死亡する
죽다 / 사망하다

课文导入

1. 你喜欢上网购物吗？

2. 你觉得网上购物有哪些优点和缺点？

请根据意群阅读课文

"双十一" / 五年购物节 / 折射 / 商业生态链变化

"双十一"这一天，著名电商网站 / 天猫和淘宝 / 总销售额为 / 350.19 亿元，相当于 / 9 月 / 中国市场 / 总销售额的一半。"双十一" / 是 / 在 2009 年 / 开始的 / 一项 / 网店促销活动，参加活动的商家 / 以 / 五折 / 甚至更低的折扣 / 吸引消费者。这一天 / 日期 / 恰逢 / 四个 "1"，所以 / 有人 / 戏称为 / "光棍节促销"。DCCI 互联网数据中心 / 创始人 / 胡延平说，从 /5 年前 / 第一个 / "双十一" /1 亿元的交易额，到 / 今天的 350 亿元，表面上是 / 交易数字的直线上升，背后 / 却是 / 消费习惯、营销模式、经济增长模式 / 等 / 商业生态链中 / 多方面的变化。"双十一" / 看似是 / 淘宝的胜利，但 / 本质上 / 是以 / 中国互联网经济、物流产业 / 迅速发展 / 为基础的。没有 / 这个基础，"双十一" / 不会有 / 巨大的 / 商业影响。

"双十一"，传统商场 / 参与 / 还是 / 抵制

在 / 刚刚过去的 / 这个 / "双十一"，银泰商业集团 / 旗下 /35 个实体店 / 参与了 / "双十一"购物节，在 / 主要门店 / 设置 / 天猫银泰店 / 商品专区，用于 / 线下体验 / 线上购物。

北京 / 朝阳大悦城 / 表态 / 愿意做 / "双十一"的 / "试衣间"，自 /11 月 1 日 / 起 / 至 /11 月 11 日，全场商户 / 将对 / 消费者 / 公开 / 货品号码，消费者 / 可以 / 随意抄写，并到 / 网上 / 下单。

也有的 / 传统商家 / 并不买账。居然之家、红星美凯龙 / 等 /19 个 / 知名家具卖场 / 联合抵制 / "双十一"。 这些卖场 / 给商户的 / 下发通知 / 称，"厂家和商户 / 在线上 / 开展 / 低价促销时，要 / 通知 / 卖场等 / 主要合作伙伴，并将 / 卖场的价格 / 与 / 线上 / 保持一致；未经 / 卖场 / 允许，不许 / 利用 / 卖场的商标商号 / 进行宣传，不许 / 通过 / 电商移动 POS/ 将 / 卖场的业务 / 转至他处 / 进行交易。"

一位 / 投资人 / 表示，从 / 现在 / 开始，传统商业经济领域的 / 老板们 / 会更频繁地 / 召开和参加 / 与互联网、移动互联网 / 有关的会议。胡延平 / 认为，互联网 / 和 / 传统经济 / 有融合，也有 / 激烈的交锋、残酷的 / 淘汰以及死亡和新生。

"双十一"五年购物节折射[1] 商业[2] 生态链变化

"双十一"这一天，著名电商网站天猫和淘宝总销售额为 350.19 亿元，**相当于** 9 月中国市场总销售额的一半。"双十一"是在 2009 年开始的一项网店促销[3]活动，参加活动的商家以五折**甚至**更低的折扣[4]吸引消费者。这一天日期[5]恰逢[6]四个"1"，所以有人戏称为"光棍节促销"。DCCI 互联网数据[7]中心创始人胡延平说，从 5 年前第一个"双十一"1 亿元的交易额，到今天的 350 亿元，表面[8]上是交易[9]数字的直线上升，背后却是消费习惯、营销模式[10]、经济增长模式等商业生态链中多方面的变化。"双十一"看似

是淘宝的胜利，但本质⁽¹¹⁾上是以中国互联网经济、物流产业迅速发展为基础的。没有这个基础，"双十一"不会有巨大的商业影响。

"双十一"，传统商场参与还是抵制⁽¹²⁾

在刚刚过去的这个"双十一"，银泰商业集团旗下35个实体店参与了"双十一"购物节，在主要门店设置⁽¹³⁾天猫银泰店商品专区，用于线下体验线上购物。

北京朝阳大悦城表态⁽¹⁴⁾愿意做"双十一"的"试衣间"，自11月1日起至11月11日，全场商户将对消费者公开⁽¹⁵⁾货品号码，消费者可以随意⁽¹⁶⁾抄写，并到网上下单。

也有的传统商家并**不买账**。居然之家、红星美凯龙等19个知名家具卖场联合⁽¹⁷⁾抵制"双十一"。这些卖场给商户的下发通知称，"厂家和商户在线上开展⁽¹⁸⁾低价促销时，要通知卖场等主要合作伙伴，并将卖场的价格与线上保持一致；未经卖场允许，不许利用卖场的商标⁽¹⁹⁾商号进行宣传⁽²⁰⁾，不许通过电商移动POS将卖场的业务转至他处进行交易。"

一位投资⁽²¹⁾人表示，从现在开始，传统商业经济领域的老板们会更频繁⁽²²⁾地召开⁽²³⁾和参加与互联网、移动互联网有关的会议。胡延平认为，互联网和传统经济有融合⁽²⁴⁾，也有激烈⁽²⁵⁾的交锋、残酷⁽²⁶⁾的淘汰⁽²⁷⁾以及死亡⁽²⁸⁾和新生。

（总字数：约670字）

（节选自《中国青年报》，2013年11月15日，略有改动）

词语例释

1. "双十一"这一天，著名电商网站天猫和淘宝总销售额为350.19亿元，**相当于**9月中国市场总销售额的一半。

   相当于：与……相当、跟……差不多。

   ① 溺爱孩子相当于害了孩子。
   ② 中国的一斤相当于国际的500克。
   ③ 吸毒相当于自杀。

2. **参加活动的商家以五折甚至更低的折扣吸引消费者。**

   甚至：连词，用在几个并列词语的最后一项，特别突出强调这一项的意思。

   对于这个问题，很多人还不完全理解，甚至完全不理解。

3. 也有的传统商家并**不买账**。

买账：动词，表示认同，承认或屈从于对方的实力或长处。
不买账：就是对对方的话，或者对对方的做法不同意，不愿跟对方合作。

① 他嘴上说同意，心里根本就不买账。
② 你越吹牛，别人就越不买你的账。
③ 对于新的购房政策，民众并不买账。

练习

一 给下列动词搭配适当的词语

抵制 _____　　设置 _____

公开 _____　　开展 _____

召开 _____　　宣传 _____

二 选词填空

商标　　促销　　激烈　　商业　　折扣　　死亡　　残酷

1. 经过_____争论，大家同意了我的意见。

2. 盗取贩卖_____秘密是违法行为。

3. 由于化工厂非法排污，附近河流中的鱼已经大量_____。

4. _____是知识产权保护的重要对象。

5. 恰逢圣诞、元旦双节，各大商场都加入了_____行列。

6. 一般在大城市才有各大品牌的_____店，那里的商品比较便宜。

三 用自己的话或原文中的关键句子概括下面一段话的主要内容

"双十一"这一天，著名电商网站天猫和淘宝总销售额为350.19亿元，相当于9月中国市场总销售额的一半。"双十一"是在2009年开始的一项网店促销活动，参加活动的商家以五折甚至更低的折扣吸引消费者。这一天日期恰逢四个"1"，所以有人戏称为"光棍节促销"。DCCI互联网数据中心创始人胡延平说，从5年前第一个"双十一"1亿元的交易额，到今天的350亿元，表面上是交易数字的直线上升，背后却是消费习惯、营销模式、经济增长模式等商业生态链中多方面的变化。"双十一"看似是淘宝的胜利，但本质上是以中国互联网经济、物流产业迅速发展为基础的。没有这个基础，"双十一"不会有巨大的商业影响。

四 根据课文内容选出正确的答案

1. "双十一"是什么？（　　）

   A. 中国的国庆节　　　　　　　B. 中国官方的新节日

   C. 十月份的节日　　　　　　　D. 网络促销日

2. "双十一"当天的销售额相当于什么？（　　）

   A. 中国市场总销售额的一半　　B. 月度中国市场总销售额

   C. 月度中国市场总销售额的一半　D. 月度市场总销售额的一半

3. 5年来"双十一"的交易额：（　　）

   A. 迅猛增长　　　　　　　　　B. 略有增加

   C. 保持不变　　　　　　　　　D. 存在波动

4. 交易额的变化背后不能反映的是下面哪一项？（　　）

   A. 商品种类、质量的变化　　　B. 消费习惯的变化

   C. 营销模式的变化　　　　　　D. 经济增长模式的变化

5. "双十一"的胜利得益于什么？（　　）

   A. 淘宝等电商　　　　　　　　B. 互联网经济的发展

   C. 物流业的发展　　　　　　　D. 以上都正确

五 请尽量用以下词语进行话题讨论

| 商业 | 激烈 | 残酷 | 促销 | 折扣 |
| 宣传 | 开展 | 商标 | 方便 | 质量 |

1. 你喜欢上网购物吗？
2. 你觉得网上购物有哪些优点和缺点？

快速阅读

阅读一（字数：约950字；阅读与答题的参考时间：10分钟）

"低头族"，为了安全请抬头

日前，湖北十堰的一名17岁女孩在与同伴外出聚餐时由于途中边走边低头玩手机，在经过一座桥时，没有注意到路面情况，坠入了没有护栏的深坑中，经抢救无效死亡。"低头女孩"的惨剧引起了人们的关注，也带来了对低头玩手机的思考。

现象：等红灯时也玩手机

看手机，除了接打电话、收发短信外，微博、微信和QQ，在工作生活中发挥着越来越重要的作用，手机的功能日益增多，随之而来的"低头族"也越来越多，而不分时候、不分场合地刷手机，也带来了安全隐患。

15日上午8点，正是上班高峰期，在钢铁大街和幸福路路口由北往南的非机动车道上，等待红灯的骑车和步行市民不少，短短的几分钟里，很多人都拿出了手机对着屏幕比划起来。绿灯亮了，记者注意到，很多人仍然在专注地玩手机，听到喇叭声或是交通协管员的指挥后才将手机收了起来。

除此之外，生活中这样的画面如今也并不少见：无论是在等车还是坐车，甚至是开车和走路时都有人不停地拿出手机捣鼓，"低头族"手中的手机似乎越来越重要。

提醒：出行需集中注意力

采访中记者了解到，现在不少人都患上了"手机综合症"，几分钟不看手机就会"心有牵挂"。"一方面是工作需要，怕耽误工作，随时关注是否有电话进来，另一方面现在手机上的诱惑很多，微信、微博和QQ等随时都有更新，几分钟不看就担心错过了什么。"市民王先生说自己是一名资深的低头族，有时候开车等红灯的时候也会翻翻手机。虽然现在开车接打手机已经被明令禁止，但自己还是时常"犯错误"。

市交管大队民警称，开车要求驾驶员集中注意力，看手机容易将注意力分散，当车辆行驶在路面上时，如果以正常车速行驶，在看手机的短短数秒钟内，车辆就有可能已经行驶出去了上百米，对突然出现的路面情况，驾驶人员无法及时发现并作出反应，容易引起事故。由此提醒市民在步行、骑车和开车时，千万不要成为"低头族"，如果无法避免要使用手机，最好先停下来，或者使用蓝牙耳机等辅助设备进行操作。

记者手记

低头玩手机，结果一脚踩空，坠桥身亡。湖北女孩的惨剧听着让人害怕，不过生活中很多人还是会听到手机提示音后忍不住就看，即使这时候在走路、骑车甚至开车。

手机成为必不可少的"秘书"后，的确给我们的生活带来了很多便利，然而当越来越多的时间和精力被其占据后，它也成为了一种负担和累赘，特别是当其带来了安全隐患后，我们还能紧握着它不放吗？

（节选自《包头日报》，2013年10月23日，略有改动）

回答问题

1. 本文中涉及"低头族"的安全隐患有哪些？
2. "低头族"指的是哪一类人群？
3. 在工作生活中手机发挥着哪些作用？
4. "低头族"应该怎样克服安全隐患？

阅读二（字数：约890字；阅读与答题的参考时间：9分钟）

拒做"低头族"

地铁上、饭馆里，乘电梯、过马路，生活的每一个缝隙都被手机填满。朋友聚餐、家人团聚，"低头族"依旧忙着看微博、聊微信、玩游戏。"低头族"源自英文单词phubber，由phone（手机）与snub（冷落）组合而成，很显然，信息时代的无礼与冷漠正在全球蔓延。

"低头族"是一个完全被杜撰出来的单词，大意是因玩手机而冷落了周围人的行为。2012年，这个词被收进了澳大利亚全国大辞典。足以说明，随着智能手机的普及和迅速发展，其功能和危害一样，双双呈现全球化趋势。

挤地铁时刷微博、等公交时看微信、回到家盯着Ipad看电视剧、无节制地玩手机游戏……都被列为"低头族"的症状。"低头族"，大多数时间沉浸在自己和手机的世界里，越来越少关注身边的人，以至于有这样的感慨："世界上最遥远的距离莫过于我们坐在一起，你却在'刷屏'。"

"低头族"的集体静默甚至为各种危险埋下隐患。据报道，上个月，大二学生 Justin Valdez 在美国旧金山的地铁上被射杀。监控录像显示，射杀 Justin 前，凶手数次掏出手枪，甚至用它擦了擦鼻子。与此同时，近在咫尺的十几位乘客都在低头看手机，没人注意到凶手。这不禁让我们感到不寒而栗，"低头族"不仅不易察觉环境的异样，更容易使自己置于危险之中而不自知。

　　"低头族"的队伍正在壮大，从年轻人到中老年人，甚至孩子也在加入。干眼症、腱鞘炎、精神忧郁等各种健康隐患和可以预见的安全隐患似乎都抵挡不住电子屏幕的巨大魔力。人与人之间面对面想说的话似乎越来越少了，倾吐的欲望越来越不强烈了，更体会不到交流的乐趣和温暖了。美食家沈宏非在博客中写道："人心散了，饭也吃不好了……上了微博后，我的拍菜水准蒸蒸日上，吃菜的兴趣则江河日下。"朋友聚餐、家人团聚，经常因为"低头族"的存在而变得了无兴趣甚至匆匆结束。

　　无论是主动选择做"低头族"还是被动选择，我们都应该正确认识到，网络交往不同于现实交往，更无法取代现实交往，这种间接交往毕竟没有面对面的交谈和心灵与心灵的碰撞来得真实，不会产生更多情感上的交流和共鸣，由此而结成的群体关系其实并不牢固，过分依赖还会弱化现实交往的能力。所以，当你不是一个人时，请顾及一下周围人的感受，当你昂起头时，你会发现你错过了世界很多精彩的变化。

（节选自《郑州日报》，2013年10月25日，略有改动）

判断正误

1. "低头族"是全球普遍出现的现象。　　　　　　　　　　　　　　　　（　　）
2. 智能手机的普及和迅速发展对大多数人来说只有好处没什么坏处。　　（　　）
3. 危险正埋伏在"低头族"身边，但是很多人都没意识到。　　　　　　（　　）
4. 朋友聚餐、家人团聚是应拒绝冷漠，呼唤面对面的亲切交流。　　　　（　　）
5. 网络交往和现实世界其实没什么区别，因此可以互相取代。　　　　　（　　）

第十五课　新时代农民工用精神食粮丰富生活

背景知识

　　农民工，是指进入城市务工的农业户口人员。据有关部门统计，中国城市中农民工的数量为1.5亿人左右。近年来，随着农民工的"更新换代"，新生代农民工登上了历史舞台，并逐渐成为农民工群体的主流。他们受教育程度高，职业期望值高，物质和精神享受要求高，因此，对于新生代农民工，不仅要关心他们的生存、工作等基本的权益问题，也要关心他们精神文化生活等更高层面的需求与权利。

词语表

1 时代　　時代　　shídài　　（名）　　time, era
网络时代 / 网络时代，人们都通过电脑和手机进行交流。
時代
시대 / 시기

2 农民工　　農民工　　nóngmíngōng　　（名）　　peasant worker
一个农民工 / 那些农民工们住在什么地方？
民工
中華人民共和国において、農村戸籍をもちながら、都市で雇用され雇われて働く労働者の呼称
농민 출신 노동자 (농촌을 떠나 도시로 진출하여 건축, 운수 등에 종사하는 노동자)

3 筹备　　籌備　　chóubèi　　（动）　　to prepare
筹备工作 / 他负责这次会议的筹备工作。
準備する
기획하고 준비하다

4 届　　　　　　　　jiè　　（量）　　a measure of quantity (for meetings or graduation etc.)
2014届 / 他说，他是2014届的毕业生。
定期会議や卒業年度を数える数 / 回
회 / 기 / 차 (정기적인 회의 또는 졸업생에 쓰임)

145

5	展示		zhǎnshì	(动)	to reveal, to show
	展示实力 / 他在这次比赛中展示了自己的实力。				展示する
					드러내다 / 나타내다
6	群众	群衆	qúnzhòng	(名)	general public, the common people
	群众演员 / 很多电影都需要群众演员。				群衆
					군중 / 민중
7	如今		rújīn	(名)	nowdays
	如今，很多家庭都有私家车。				今のところ
					오늘날(비교적 먼 과거에 대해서)
8	文明		wénmíng	(名)	civilisation
	古代文明 / 中国有灿烂的古代文明。				文明
					문명
9	进步	進步	jìnbù	(动)	to improve
	不断进步 / 虚心使人进步，骄傲使人落后。				進歩する
					진보하다
10	最初		zuìchū	(名)	initial
	最初的梦想 / 你还记得自己最初的梦想吗？				最初
					최초 / 맨 처음
11	工资	工資	gōngzī	(名)	wage, salary
	工资高 / 工资低 / 刚工作时挣的工资都比较低。				給料
					월급 / 임금
12	物质	物質	wùzhì	(名)	material
	物质生活 / 我们的物质条件比过去好多了。				物質
					물질 / 재물
13	逐步		zhúbù	(副)	step by step
	逐步推广 / 经过几年时间，我逐步了解了中国建筑的特点。				徐々に
					한 걸음 한 걸음
14	身份		shēnfèn	(名)	identity
	身份证 / 每个人都有一张身份证。				身分
					신분
15	认可	認可	rènkě	(动)	to approve, to accept
	被认可 / 我们的产品已被中国消费者认可。				認可する
					인정하다 / 승낙하다
16	梦想	夢想	mèngxiǎng	(名)	hopes and dreams
	最初的梦想 / 我有一个梦想，你猜是什么。				夢
					꿈 / 이상

17	文艺	文藝	wényì	（名）	literature and art
	文艺节目 / 我们准备了丰富多彩的文艺节目。				文芸
					문학과 예술 (문예)

18	推荐	推薦	tuījiàn	（动）	to recommend
	推荐人才 / 如果有优秀的人才，请推荐给我们。				薦める
					추천하다

19	丰富多彩	豐富多彩	fēngfù duōcǎi		rich and colorful, rich and varied
	丰富多彩的文艺节目 / 我们学校经常组织一些丰富多彩的课外活动。				多種多様である
					풍부하고 다채롭다

20	尽情	盡情	jìnqíng	（副）	to one's heart content
	尽情歌唱 / 我们经常在那个酒吧里尽情说笑。				思い切り
					마음껏 / 하고 싶은 바를 다하여

21	属于	屬於	shǔyú	（动）	to belong to
	属于我们 / 我属于快乐型的，不想不快乐的事。				～に属する
					～ 에 속하다

22	夏令营	夏令營	xiàlìngyíng	（名）	summer camp
	物理夏令营 / 孩子们参加夏令营去了，他们都不在家。				サマーキャンプ
					여름 캠프

23	夜市		yèshì	（名）	night market
	热闹的夜市 / 台湾的夜市有很多好吃的小吃。				夜の市
					야시장

24	隔壁		gébì	（名）	next door
	隔壁房间 / 隔壁房间是谁？				隣人 / 隣家
					옆집 / 이웃

25	独特	獨特	dútè	（形）	unique, special
	独特的味道 / 这家面馆的拉面味道很独特。				独特な
					독특하다

26	忙碌		mánglù	（形）	busy
	忙碌的生活 / 忙碌的学习生活让人没办法好好休息一下。				忙しい
					서두르다 / 분주하게 하다

27	业余	業餘	yèyú	（形）	spare (time)
	业余时间 / 我们利用业余时间去做志愿者。				仕事の片手間
					업무 외 / 여기의

课文导入

1. 关于中国的农民工，你知道些什么？

2. 你觉得有哪些办法可以改善农民工的精神文化生活？

请根据意群阅读课文

新时代农民工／用／精神食粮／丰富生活

"这段时间，我们／正在筹备／杨家第三届农民工歌手比赛，演唱会的目的／就是／为了／给大家／提供一个机会，让／大家／展示自己，丰富／精神生活。"日前，白云街／农民工工会主席／李承金／笑着说，自／前年和去年／杨家工会／举办／农民工歌手比赛／以来，得到了／群众的／广泛关注／和／积极参与。

如今，随着／社会文明的／进步，农民工们／关心的问题／正在从／最初的工资、劳动保护／等／物质层面／逐步／发展到了／身份的认可、实现梦想／等／更高的／精神层面。据了解，第三届／农民工歌手比赛／将于／6月18日／举办。李承金说，这样的活动／以后将／年年举办，这个比赛／不仅可以／发现／一些优秀歌手，可以／在／市里／举办／各类文艺活动时／及时推荐，还能让／农民工／在参与的过程中／感受到／被认可、被尊重。

"五一"期间，工会／举行了／一场／乒乓球赛；"六一"儿童节期间，工会／还为／农民工的子女们／准备了／一台／丰富多彩的／娱乐节目，让／孩子们／尽情地／度过／一个／属于自己的／欢乐节日。目前，白云街幼儿园／有／260多名学生，其中／外来农民工的子女／就／占到了／95%以上。为了／形成／关爱农民工子女成长的／良好氛围，进一步／丰富／关爱行动的／内容和形式，从2010年开始，杨家工会／每年开展／农民工子女夏令营活动，让／农民工的子女／感受到／和／城里孩子／一样的／幸福童年。

每当／夜晚来临，白云街工会的／广场上／都／热闹极了，除了／下雨天，这里／每晚／都有／很多人／来跳舞。白云街夜市／更是吸引了／晚饭后的农民工们，大家／一边／散着步，一边／随意挑选／自己喜欢的／小商品，甚至／隔壁几个小区的／农民工／也赶来／逛夜市，成为夜市中／一道／独特的风景；而／工会的／"农民工图书馆"，则／大大激发了／农民工／学文化、学技术的热情。李承金／说，现在／图书馆里／一共有／8000多册／图书，一个星期／两天／免费开放，让农民工／在／忙碌的工作之余，能够得到／身心的放松，他们／用／精神食粮／丰富了／自己的业余生活。

新时代[1] 农民工[2] 用精神食粮丰富生活

"这段时间，我们正在筹备[3]杨家第三届[4]农民工歌手比赛，演唱会的目的就是为了给大家提供一个机会，让大家展示[5]自己，丰富精神生活。"日前，白云街农民工工会主席李承金笑着说，自前年和去年杨家工会举办农民工歌手比赛以来，得到了群众[6]的广泛关注和积极参与。

如今[7]，随着社会文明[8]的进步[9]，农民工们关心的问题正在从最初[10]的工资[11]、劳动保护等物质[12]层面逐步[13]发展到了身份[14]的认可[15]、实现梦想[16]等更高的精神层面。据了解，第三届农民工歌手比赛将于6月18日举办。李承金说，这样的活动以后将年年举办，这个比赛不仅可以发现一些优秀歌手，可以在市里举办各类文艺[17]活动时及时推荐⁽¹⁸⁾，还能让农民工在参与的过程中感受到被认可、被尊重。

"五一"期间，工会举行了一场乒乓球赛；"六一"儿童节期间，工会还为农民工的子女们准备了一台丰富多彩⁽¹⁹⁾的娱乐节目，让孩子们尽情⁽²⁰⁾地度过了一个属于⁽²¹⁾自己的欢乐节日。目前，白云街幼儿园有 260 多名学生，其中外来农民工的子女就占到了 95% 以上。为了形成关爱农民工子女成长的良好氛围，进一步丰富关爱行动的内容和形式，从 2010 年开始，杨家工会每年开展农民工子女夏令营⁽²²⁾活动，让农民工的子女感受到和城里孩子一样的幸福童年。

每当夜晚来临，白云街工会的广场上都热闹**极了**，**除了**下雨天，这里每晚都有很多人来跳舞。白云街夜市⁽²³⁾更是吸引了晚饭后的农民工们，大家**一边**散着步，**一边**随意挑选自己喜欢的小商品，甚至隔壁⁽²⁴⁾几个小区的农民工也赶来逛夜市，成为夜市中一道独特⁽²⁵⁾的风景；而工会的"农民工图书馆"，则大大激发了农民工学文化、学技术的热情。李承金说，现在图书馆里一共有 8000 多册图书，一个星期两天免费开放，让农民工在忙碌⁽²⁶⁾的工作之余，能够得到身心的放松，他们用精神食粮丰富了自己的业余⁽²⁷⁾生活。

（总字数：约 700 字）

（节选自《东阳日报》，2013 年 6 月 10 日，略有改动）

词语例释

1 每当夜晚来临，白云街工会的广场上都热闹**极了**。

……极了：口语中常用来做补语，表示最高的程度。

表演好极了 / 新鲜极了 / 舒服极了

① 她把衣服洗得干净极了。
② 听说您要来，我高兴极了。
③ 她穿了一件白色的裙子，漂亮极了。

2 **除了**下雨天，这里每晚都有很多人来跳舞。

除了：表示所说的不计算在内。

① 她除了水果，什么也不吃。
② 除了广东话，我还能说上海话。
③ 除了星期三，我都有时间。

③ 大家**一边**散着步，**一边**随意挑选自己喜欢的小商品。

一边……一边……：副词，表示两种以上的动作同时进行。

"一边"中的"一"有时可以省去；省去"一"后，同单音节动词组合时，中间不停顿，如："边走边唱""边干边学"。

① 我们一边走，一边聊着天。
② 老师一边说，我一边记。
③ 他喜欢一边洗澡，一边唱歌。

练 习

一 给下列动词搭配适当的词语

筹备 _____   认可 _____

推荐 _____   属于 _____

尽情 _____   展示 _____

二 选词填空

| 时代 身份 文艺 届 丰富多彩 夏令营 夜市 |

1. 文化周期间，同学们开展了形式多样、_____的活动。

2. _____是区分南北城市文化的显著特点。

3. 首_____"盖中盖杯"全国大学辩论会在北京拉开了序幕。

4. 民俗工艺品登上世博会的大舞台标志着我国民间_____创作达到了新的高度。

5. 晚会上她身着漂亮的长裙子，恰如其分地映衬着她高贵的_____。

6. 任何小说都无法摆脱作者的个人影响和_____印记。

7. 很多学校以举办_____为借口变相给孩子们在假期补课。

三 用自己的话或原文中的关键句子概括下面一段话的主要内容

　　每当夜晚来临，白云街工会的广场上都热闹极了，除了下雨天，这里每晚都有很多人来跳舞。白云街夜市更是吸引了晚饭后的农民工们，大家一边散着步，一边随意挑选自己喜欢的小商品，甚至隔壁几个小区的农民工也赶来逛夜市，成为夜市中一道独特的风景；而工会的"农民工图书馆"，则大大激发了农民工学文化、学技术的热情。李承金说，现在图书馆里一共有8000多册图书，一个星期两天免费开放，让农民工在忙碌的工作之余，能够得到身心的放松，他们用精神食粮丰富了自己的业余生活。

四 根据课文内容选出正确的答案

1. 根据短文，杨家工会举办的农民工的业余活动不包括下面哪一项？（　　）

　　A. 歌手比赛　　　　　　　　B. 乒乓球赛

　　C. 篮球比赛　　　　　　　　D. 六一儿童节的娱乐节目

2. 关于白云街工会的广场，下面哪一项正确？（　　）

　　A. 在室内　　B. 在市中心　　C. 紧靠着小区　　D. 每天都很热闹

3. "夜市中一道独特的风景"指的是什么？（　　）

　　A. 隔壁几个小区赶来逛夜市的农民工　　B. 跳舞的人

　　C. 小商品　　　　　　　　　　　　　　D. 农民工图书馆

4. 关于"农民工图书馆"，下面哪种说法不正确？（　　）

　　A. 图书8000册　　　　　　　B. 免费开放

　　C. 丰富了农民工精神生活　　　D. 受到了极大的欢迎

5. 本文的主要内容是什么？（　　）

　　A. 农民工的业余生活　　　　　B. 白云街工会广场的介绍

　　C. 夜市上靓丽的风景　　　　　D. 农民工图书馆的巨大作用

五 请尽量用以下词语进行话题讨论

农民工	进步	工资	物质	梦想
娱乐	忙碌	如今	丰富多彩	最初

1. 请你举出一些收入低、工作辛苦的职业，并说明理由。
2. 请你谈谈如何改善农民工的精神生活。

快速阅读

阅读一（字数：约680字；阅读与答题的参考时间：8分钟）

农民工，必须的

湖北频道年薪20万招电视主播

年薪20万招电视主播，必须是农民工！近日湖北频道的一则招聘广告引来关注。这是一档什么样的节目，为什么非要招一个农民工当主播？节目马上就要开播了，能及时找到这样合适的农民工当主播吗？或者这又是一个炒作？带着这些疑问，记者采访了高薪寻找农民工主播的节目《打工服务社》的总制作人胡庆龙。

我们真是想找一个农民工主播

胡庆龙告诉记者，《打工服务社》是湖北频道的一档新的情景式服务类栏目，主要服务全省农民工，不管你是想学本事、奔"钱途"还是想讨老婆、喊帮手，都可以来找他们。胡安龙告诉记者，找这样一个主播是筹划好久的一件事了，"有人觉得我们是在炒作，还真不是这么回事，我们真是想找一个农民工出身的主播。"他进一步解释说："我们这档节目就是专为农民工服务的，之所以要找农民工出身的主播，是因为觉得有了农民工的经历更能了解农民工的难处和要求，也更容易深入到农民工中去，可以更好地为农民工服务，也更符合我们办这个节目的宗旨。"

农民工主播，学历不重要

一般电视主播都要在大学里学上好几年，其中的优秀学生才有机会上岗，那么对这个做电视主播的农民工有专业学历方面的要求吗？胡庆龙介绍，学历什么的倒不是很重要，他们要招的这个农民工主播,最重要的是要有一颗肯为农民工服务的热心,其次就是要有一定的口才,"据我们多年与农民工接触的经验,我们觉得农民工中还是大有人才的,不少人都能说会道。"当然形象上也有一定要求。看来这要求说高不高说低也不低啊,"那是当然,毕竟二十万的年薪也不可能太容易就拿到。"

另据了解,《打工服务社》将于6月10日正式开播,每晚9点08分开门迎客。

(节选自《武汉晚报》,2013年6月11日,略有改动)

回答问题

1. 《打工服务社》的节目性质及功能是什么?
2. 《打工服务社》之所以要找农民工出身的主播的原因是什么?
3. 联系上下文说说农民工主播与一般电视主播在要求上有什么异同?
4. 你认为这次招聘是不是炒作?招聘的目标能否达到?

阅读二(字数:约640字;阅读与答题的参考时间:7分钟)

节后"用工荒"准时来袭 转型升级成解决关键

春节过后,"用工荒"准时来袭,广东、江苏、山东等多地同时出现了招工难现象,且有从沿海向内地蔓延的趋势。

多地节后出现用工荒

春节过后出现"用工荒",这几年来几乎已经成为了一个规律,春节一过就会准时奏效。今年的"用工荒"不仅出现在东部沿海城市,还蔓延到了劳务输出大省安徽、河南等地。

据数据显示,武汉缺工量首次突破10万人,广东缺工量高达120万人,河南一企业月薪5000元招不到软件工程师,安徽用工市场出现"一人难求"局面。

为了第一时间招到工人,企业想出了各种办法。广东、浙江的不少企业派出招工队,驻守在各长途车服务区和火车站。据经济之声《天下财经》报道,不少企业老板为招到工人而想尽办法:老员工介绍新人有奖,高管列队向返厂员工鞠躬……甚至有企业不惜重金在当地报纸刊登"老板喊你回来上班"的广告。

值得注意的是,根据国家统计局今年1月公布的数据显示,2012年中国15~59岁劳动力年龄人口首次出现了绝对下降,比上年减少了345万人。

企业转型升级是关键

据中国广播网报道,当前,中国正在经受"用工荒"与"就业难"的双重煎熬和疼痛,暴露了我国用工政策的诸多不合理之处。要缓解这种结构性的"用工荒",必须各方一起努力。

分析指出,首先,政府层面要积极引导,加强职业教育培训,促进劳资双方建立新型、和谐的劳动关系;其次,企业要转变观念,既要做到事业留人、待遇留人、情感留人,还应该在"权利留人"尤其是"维权留人"方面下功夫;最后,从长远来看,产业结构调整不到位,"用工荒"将难以消除,用工荒也在迫使企业转型升级、实现自我救赎。

(节选自中国新闻网,2013年3月8日,略有改动)

判断正误

1. 春节过后多地农民工找不到工作。   (   )
2. 今年的"用工荒"不仅出现在东部沿海城市,还蔓延到了内地。   (   )
3. 为了第一时间招到工人,企业想出的办法就是加工资。   (   )
4. 中国正在经受"用工荒"与"就业难"的双重煎熬和疼痛,说明我国用工
   政策存在不合理之处。   (   )
5. 通过政府和企业的共同努力,"用工荒"必将在近期得以消除。   (   )

第十一～十五课单元测试题

答题参考时间：100 分钟　　　　　　　　　　　　　　　分数：_____

一　给下列动词搭配适当的词语（10 分）

参与 _____　　　擅长 _____

建设 _____　　　促进 _____

延迟 _____　　　启动 _____

召开 _____　　　宣传 _____

推荐 _____　　　属于 _____

二　选词填空（15 分）

| 实际上　　……极了　　之所以……是因为　　无论　　倒是　　据……报道 |
| 随着　　通过　　甚至　　无论如何　　有利于　　不仅……还…… |

1. 他们_____努力，生活比以前改善了很多。

2. 他说他生病了，_____，他只是不想去上课。

3. _____遇到什么困难，我都会想办法解决。

4. 土地沙漠化_____迅速发展，_____人类对植物的严重破坏。

5. 她穿了一件白色的裙子，漂亮_____。

6. "一带一路"的倡议，_____促进相关国家经济的发展。

7. 运动_____能够丰富我们的生活，而且_____能使我们保持身心健康。

8. 对于这个问题，很多人还不完全理解，_____完全不理解。

9. _____农民工队伍的不断壮大，农村"留守儿童"的问题开始得到社会的关注。

10. _____世界卫生组织_____，发展中国家的农民由于缺乏科学知识和安全措施，每年有 200 万人农药中毒。

三 请按正确的语序将下列各个句子组成完整的一段话（9分）

1. A. "低头族"的队伍正在壮大

   B. 甚至孩子也在加入

   C. 从年轻人到中老年人

   正确的语序是：（   ）（   ）（   ）

2. A. 有助于增加两国妇女儿童界的交流

   B. 体现了元首夫人对公益事业的关心

   C. 参加与儿童、妇女和公益相关的活动

   D. 还有助于增加出访国人民对中国人民的友好感情

   正确的语序是：（   ）（   ）（   ）（   ）

四 完型填空（12分）

（一）

| 不仅不……更 | 甚至 | 都 | 与此同时 |

据报道，上个月，大二学生 Justin Valdez 在美国旧金山的地铁上被射杀。监控录像显示，射杀 Justin 前，凶手数次掏出手枪，_____用它擦了擦鼻子。_____，近在咫尺的十几位乘客_____在低头看手机，没人注意到凶手。这不禁让我们感到不寒而栗，"低头族"_____易察觉环境的异样，_____容易使自己置于危险之中而不自知。

（二）

| 当 | 只是 | 并非 | 然后 | 通常 |

"第一夫人"_____职务，_____一个象征性的角色，_____她身处各种领导中间，应该站在哪里、坐在哪里，甚至名字的排序都是有讲究的。在我国，夫人要和主席并行。跟领导人会见时，_____要先让主席跟对方握手，_____才轮到夫人上前握手。

五 用自己的话或原文中的关键句子概括下列各段的主要内容,字数不要超过 30 个(9 分)

1. 为了第一时间招到工人,企业想出了各种办法。广东、浙江的不少企业派出招工队,驻守在各长途车服务区和火车站。据经济之声《天下财经》报道,不少企业老板为招到工人而想尽办法:老员工介绍新人有奖,高管列队向返厂员工鞠躬……甚至有企业不惜重金在当地报纸刊登"老板喊你回来上班"的广告。

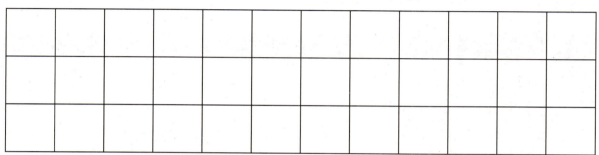

2. 在青少年主题活动中,记者见到,孩子们在参加"毛毛虫竞速""袋鼠运瓜"和"超级相扑"等光听名字就能让人感兴趣的项目时十分积极。"今天的游戏很新奇,学校里的体育课通常就是跳绳和跑步。"南沙滩小学六年级的学生表示,如果每次都能玩得那么开心,就不会觉得体育课枯燥了。

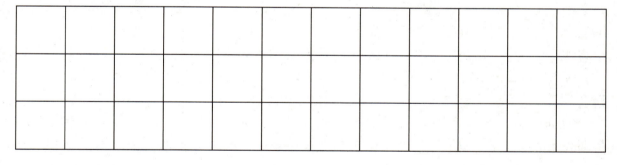

3. 一方面,弹性退休照顾到劳动者之间的差异。正如中国社科院社会政策研究中心秘书长唐钧指出,男性 50 岁以上、女性 45 岁以上的企业工人,因年龄和体力问题,存在一个"就业困难期"。对于这部分体力劳动者而言,可以选择适当提前退休,让身心得到放松和休息,有一笔稳定的收入。同时,对于脑力劳动者尤其是高技术人才而言,选择适当延迟退休,有利于充分发挥才能,为社会做更多贡献。中国科学院院士王恩多说过:"5 个女科学家推迟 5 年退休,相当于国家培养出一个博士。"

阅读（45分）

阅读一（22分）

看《爸爸去哪儿》：我们的爸爸都很棒

对于当妈还遥遥无期的我来说，喜欢看《爸爸去哪儿》的原因很简单，只是因为它让我回忆起和爸爸妈妈一同成长的很多瞬间。

大前天晚上，我和朋友们一起在家啃着鸭脖子连看了两遍《爸爸去哪儿》，加上看片会，我已经看过三遍了——我还从来没有对任何一档综艺节目如此痴迷过。

看到第一期Kimi吃饭时龇着牙用满口嚼碎的饭——恶心别的小朋友，最后却被小石头恶心回去时，我笑得肚子隐隐作痛——这不就是我小时候超爱玩的游戏吗？还有王诗龄对小羊的喜爱。我想起小时候回老家看到农民伯伯放羊后，愣是哭闹了很久，直到爸爸举手投降给我买了一只小羊羔当宠物（好像它最后变成了我们家桌上的一道菜，汗……）。无论是80后、90后还是00后，《爸爸去哪儿》让我发现，原来这些小小的、无害的调皮，竟然都是相通的。

有朋友说，为什么节目是《爸爸去哪儿》，而不是《妈妈去哪儿》？这是因为在中国的传统家庭关系中，妈妈带孩子司空见惯，而父爱却普遍缺位。但我很庆幸，拥有一个一步步陪着我长大的爸爸。记得小时候，爸爸总是起早贪黑忙工作，经常是他走了我还没起床，我已经睡了他还没回来。有一年春天，我迷上了放风筝，看到别的小孩都是由跑起来虎虎生风的老爸陪着放风筝，我无比羡慕。在无意间跟爸爸抱怨过一次后，某天傍晚，老爸破天荒地在太阳快下山时到了家，一把拉起正在写作业的我："走，咱们去放风筝。"到郊外时天已经黑了，好不容易将风筝放起来，却完全看不到它的样子。我当时就委屈地哭了，爸爸哄我："我们放的可是蝙蝠，不是风筝，你的同学肯定都没有！"直到前不久国庆回家，"放蝙蝠"依然是我们家饭桌上的一则笑谈。对于当妈还遥遥无期的我来说，喜欢看《爸爸去哪儿》的原因无关恨嫁，无关育儿经，只是因为它让我回忆起和爸爸妈妈一同成长的很多瞬间。"女儿是爸爸上辈子的情人"，我想说，我的"情人"还挺帅的！

（节选自《羊城晚报》，2013年10月23日，略有改动）

（一）判断正误，正确的打 √，错的打 ×（12分）

1. "我"喜欢看《爸爸去哪儿》，因为它让我回忆起和爸爸妈妈一同成长的很多瞬间。（　　）
2. 我和朋友们一起看了三遍《爸爸去哪儿》。（　　）
3. "我"小时候看到农民伯伯放羊后，哭闹了很久，直到爸爸给我买了一只小羊羔当宠物。（　　）
4. 在中国的传统家庭关系中，妈妈带孩子司空见惯，而父爱却普遍缺位。（　　）
5. 小时候，爸爸工作总是很忙。（　　）
6. 那天爸爸特意早点儿下班回家陪我去看蝙蝠。（　　）

（二）回答问题（10分）

1. 为什么节目是《爸爸去哪儿》，而不是《妈妈去哪儿》？（5分）

2. 为什么爸爸带我"放蝙蝠"？（5分）

阅读二（23分）

嫦娥三号12月上旬发射　首辆月球车定名为玉兔号

26日上午，国家国防科技工业局召开探月工程二期嫦娥三号任务新闻发布会。探月工程副总指挥李本正表示，中国首辆月球车——嫦娥三号月球命名为"玉兔号"，体现了中华民族的传统文化，又反映了中国和平利用太空的宗旨。他还详细介绍了"玉兔号"全球征名活动的具体过程。

李本正称，为使中国第一辆月球车的名称能够充分体现全国人民乃至全球华人的意愿，富有时代性、民族性、群众性的特色，我们于9月25日开始，组织了全球征名活动。经过作品提交、初评入围、网上投票、终审评审、上报批准五个阶段，中国首辆月球车——嫦娥三号月球车的名称确定为"玉兔号"。

李本正介绍称，自9月25日召开征名活动新闻发布会开始，至10月25日征名提交截止，腾讯网收到征名作品146898件；新华网收到征名作品46189件。两个网站合计，共收到征名作品193087件，除去重复名称外，共收到提交名称53091个。这些名称饱含着民族文化的深厚内涵；饱含着中国航天的丰富情感；饱含着全球华人的美好愿望。两个网站关注征名活动、浏览网页、发微博和评论，合计约2580多万人次。

李本正表示，广大民众不仅通过网页提交征名作品，还有很多人通过书信、电话、传真和Email等方式，积极为月球车征名活动贡献自己的智慧。他们中有在校学生，有退休老人，有工人，有农民，有科技工作者，有解放军指战员，还有旅居海外的华人。

李本正称，这次征名活动加深了广大群众对我国探月工程的了解，宣传了中国实施探月工程的重大意义，反映了全国人民和海外同胞对国家科技进步的关心，体现了他们对祖国日渐强大发自内心的骄傲和自豪，也激发了他们强烈的爱国主义热情。

李本正透露，对征集的53091个名称，他们组织了由科技专家和文化专家组成的评委会，分别进行了入围初评、网上投票和终审评审。通过入围评审，选出了10个入围名称，提交新华网进行网上投票评议。10天共收到有效投票3445248张，其中"玉兔号"649956张，得票第一。又经过终审评审，评委投票与公众投票的结果加权计算，最后经探月工程重大专项领导小组批准，中国第一辆月球车命名为"玉兔号"。

李本正表示，"玉兔号"既体现了中华民族的传统文化，又反映了中国和平利用太空的宗旨。传说中，当年嫦娥怀抱玉兔奔月，玉兔善良、纯洁、敏捷的形象与月球车的构造、使命既形似又神似，愿"玉兔号"月球车早日漫步虹湾。

（节选自中国新闻网，2013年11月26日，略有改动）

（一）判断正误，正确的打√，错的打×（12分）
1. 中国首辆月球车——嫦娥三号月球命名为"玉兔号"。　　　　（　　）
2. 全球征名活动经过了作品提交、初评入围、网上投票、终审评审、上报批准五个阶段。　　　　（　　）
3. 广大民众主要通过网页、书信、电话、传真和Email等方式，积极为月球车征名活动贡献自己的智慧。　　　　（　　）
4. 这次参与征名活动的主要是大学生。　　　　（　　）
5. 通过入围评审，最终选出了20个入围名称。　　　　（　　）
6. "玉兔号"既体现了中华民族的传统文化，又反映了中国和平利用太空的宗旨。　　　　（　　）

（二）回答问题（11分）
1. 月球车全球征名活动中参与活动的都有哪些人？（5分）

2. 中国民间关于"玉兔"的传说是什么？（6分）

第一～十五课总测试题

答题参考时间：100 分钟　　　　　　　　　　　　　　　分数：_____

一　给下列动词搭配适当的词语（10 分）

回归 _____　　　占用 _____

抵御 _____　　　确定 _____

体谅 _____　　　抚养 _____

承担 _____　　　孝顺 _____

启动 _____　　　失去 _____

二　选词填空（15 分）

| 难以 | 实际上 | 不买账 | 缺乏 | 显而易见 | 以……为主 |
| 看待 | 有利于 | 几乎 | 放弃 | 与否 | 据……报道 |

1. 多吃蔬菜和水果_____身体健康。

2. 你这么瘦，是不是身体里_____营养？

3. 这么多的工作，我一个人在规定的时间内_____完成。

4. 他可能真的太饿了，桌子上的菜_____全被他吃光了。

5. 他突然对你那么热情，_____是希望你帮助他。

6. 我们在做一个调查，想知道大家是怎么_____出国留学的问题的。

7. 我已经跟他道歉许多次了，可他就是_____，我该怎么办啊？

8. 不管你成功_____，我都会支持你。

9. 他总是说他太忙，没时间，_____，他只是不想和你联系。

10. 这门课的内容_____汉字知识_____。

三 请按正确的语序将下列各个句子组成完整的一段话（9分）

1. A. 比如德、日、法、韩等语言
   B. 我们协会有很多懂小语种的学生
   C. 这样跟留学生交流起来会让他们觉得很亲切

   正确的语序是：（　　）（　　）（　　）

2. A. 到中国留学的外国学生已经渐渐多了起来
   B. 再也不是什么新鲜事了
   C. 在中国高校的校园中看到高鼻子、蓝眼睛的洋学生

   正确的语序是：（　　）（　　）（　　）

四 完型填空（12分）

（一）

却　　来自　　已　　都

乐观开朗的美国男孩柏乐奇今年秋天_____回国，但他组织的飞盘运动_____没有停止，现在每周三、周五、周日晚上，柏乐奇的好朋友——_____海南大学人文传播学院的卢书怡_____会组织校内校外的留学生来参加飞盘运动。

（二）

越来越　　经过　　也　　一直　　所以　　已经　　但

金东灿选择来华留学，是_____"研究"的。"我_____觉得很奇怪，韩国_____意识到中国对其经济上的影响_____大，_____并没有积极去了解中国文化，韩国人_____没有积极学习中文。"金东灿说，在韩国，研究美国和日本的专家很多，想在这些领域有所建树难度较大，_____他决定去了解一些比较"冷门"的国家。

五 用自己的话或原文中的关键句子概括下列各段的主要内容，字数不要超过30个（9分）

1. 专家认为，虽然单位较远，经常堵车，会让人心情变差，夫妻交流时间变少，但对于多数上班族夫妻来说，可以利用上下班路上的时间多交流，从而改善家庭关系。他建议，可以在路上时通过电话、短信问候对方，知道对方的需要和心情状态，通过多种方法增加相互理解。

2. 在费德丽卡眼里，中国学生太专注学业。"我的中国同学几乎将所有的时间都用在学习上，大部分学生周末从不会到上海周边去玩，也从来不会在夜里出去跟朋友聚会。"尽管中国学生的用功给费德丽卡留下很深的印象，但这个意大利女孩确信，要论对所学东西的激情，意大利学生其实并不输给中国学生。"只要我做的是真正想做的事，通常都会全力以赴，做得很好。"

3. 和大部分90后一样，在莹子看来，和爸妈出去玩虽然什么事都不用她操心，但是到处看风景的旅行有些没意思，而和朋友们一边玩一边吃，对她来说更有吸引力。"对我们三个来说，旅行中最有意思的就是寻找当地的小吃，吃饭花的钱总是最多。"莹子告诉记者，每次在选择旅行地点的时候，风景不重要，哪里好吃的东西多她们就往哪里去。

阅读（45分）

阅读一（22分）

网友绘制世界各地饺子地图 其实外国人也爱吃

李 冲

饺子是中华民族的传统美食，作为带馅面食，它营养丰富，更是中国北方人过节时一定会吃的东西。昨天，网上一位网友整理了一份世界各地饺子图，让人突然发现，原来不少国家其实也爱吃饺子，只是吃法和做法不同。

最近，网上一位网友自己做了一份世界饺子地图，用地图简单展示了来自全世界的饺子。饺子地图还在继续整理，网友已经列出的地图中，有二十多种饺子。其中有中国的各种饺子，还有其他国家的各种特色"饺子"，比如法国的小方饺、日本的彩色饺子以及德国施瓦本方饺等。世界饺子地图中，将馄饨和烤包子也算作饺子，进行了介绍。

记者了解到，世界各地的饺子有着不同的特色。比如，日本人常用鱼肉做馅，喜欢把饺子煎着吃，和鱼汤一起吃。俄罗斯的饺子更大，他们常用牛肉、胡萝卜、鸡蛋、洋葱做馅，还喜欢加些辣椒，煮饺子用牛骨头汤，喝汤是第一道菜，吃饺子是第二道菜。世界各地的饺子样子也不同。比如德国施瓦本方饺是方的，意大利的饺子是长的。意大利人包饺子时先把面压成一长条，放好馅后，在面的边上弄些水，再用同样的一条面片放在上面压好，最后用刀切开。

网友看到饺子地图后都觉得很吃惊，"一直以为只有中国有饺子呢，没想到外国人也这么喜欢吃饺子。"

饺子出现于中国古代，随着饮食文化的影响与经济交流等，饺子也被带到了世界各地，其他地方的人根据自己的饮食习惯把饺子改成他们喜欢的味道。因此，很多国外的饺子样子、做法等都不大一样了。

（选自《扬子晚报》，2013年10月30日，有改动）

（一）判断正误，正确的打 √，错的打 ×（16 分）
1. 饺子是中国北方人过节时一定会吃的东西。　　　　　　　　　　（　）
2. 不少国家的人也爱吃饺子，吃法和做法都和中国差不多。　　　　（　）
3. 世界饺子地图是用地图简单展示了来自全世界的饺子。　　　　　（　）
4. 世界饺子地图已经制作完成了。　　　　　　　　　　　　　　　（　）
5. 世界饺子地图中一共列出了二十种饺子。　　　　　　　　　　　（　）
6. 中国只有一种饺子。　　　　　　　　　　　　　　　　　　　　（　）
7. 许多人没想到外国人也这么喜欢吃饺子。　　　　　　　　　　　（　）
8. 饺子是在中国产生的。　　　　　　　　　　　　　　　　　　　（　）

（二）回答问题（6 分）
1. 为什么世界各地的饺子样子、做法不一样？（3 分）

2. 请简单介绍两种世界饺子地图中列出的饺子。（3 分）

阅读二（23 分）

北京 80 后小伙 430 天游遍全国

刘　琳

2 月 8 日，贺亮终于完成旅行回到北京。他说，这次旅行并不是证明自己走了多少路，他旅行的目的只是想看看外面的世界，感受南北文化的不同。但一路走来，令他印象最深的不是各地美丽的景色，而是人们的热情和友好。

父母同意后开始背包旅行

贺亮是一个从小在北京长大的 "80 后"，2011 年毕业后工作不到半年就辞职了，他想通过自己的能力当一回 "背包族"。

"有些事情，现在不做，也许永远都不会做了。" 贺亮带着相机和游遍全国的梦想，准备出发。刚开始，他的梦想没有得到父母的支持。"每次和他们聊这件事，他们都不等我把话说完，就不让我说了，他们并不希望我这么做。一次，我上了一个广播旅游节目，节目开始前，我让父母一定要听。节目里，我完整地说了自己的想法，他们认真地听完，最后终于同意了。"

困难的旅行

贺亮的旅行开始时也并不像他想的那么顺利。他常被人怀疑是骗子，饿着肚子坐车，坐别人的车从香格里拉去大理时和十几头牛挤在一起……旅行中有很多困难，可他不怕，坚持了下来。喜欢旅行的人都知道，西藏的墨脱县是中国最难走的地方，但贺亮也一个人到那里走了一次。

热情友好的人们让他感动

比起旅行中的困难，更让贺亮难忘的是别人的鼓励和帮助。"在旅行中，能坐上车、吃饱饭，晚上有地方睡觉就感觉很幸福了。"整个旅行中最让他感动的，是武夷山下的一对夫妻。去年4月，贺亮从福州坐车去武夷山。在那里，住宾馆要花不少钱。路边的一对男女，吸引了他。男主人很实在，听了贺亮的经历，让贺亮住在他家。两张床，一张桌，四把椅子，一台电视……家里只有几件简陋的家具。第二天一早，大家吃早饭时，贺亮面前摆着一碗牛奶，跟那对夫妻的11岁女儿一样，夫妻俩却喝的是粥。

"那碗牛奶，我推了半天都没推出去，真的，心里太感动了。"在聊天中贺亮才知道，夫妻俩是重庆人，来武夷山10年了。因为门票贵，一家三口一直没进去过。最后，贺亮带着这对夫妻的女儿进了武夷山。离开前，贺亮把照片留给了女孩做纪念。

14个月的旅行结束了，贺亮说，他准备去找工作，也计划将这段经历好好总结一下。"我特别希望让大学生们了解我的这段经历。我想告诉他们，有梦想，就会有希望。不管什么事，都让自己试一试，尽力了就好。"

（选自《北京晚报》，2013年3月7日，有改动）

（一）判断正误，正确的打√，错的打×（16分）
  1. 贺亮这次旅行的目的是想感受文化的不同。（　　）
  2. 令贺亮印象最深的是各地美丽的景色。（　　）
  3. 贺亮的父母一开始就很支持他。（　　）
  4. 贺亮在旅行中遇到了很多困难。（　　）
  5. 在旅行中，贺亮得到了许多人的帮助。（　　）
  6. 在武夷山旅游时，贺亮住在那里的宾馆。（　　）
  7. 贺亮带着那对夫妻和他们的女儿一起进了武夷山。（　　）
  8. 贺亮希望让大学生们了解他的经历。（　　）

（二）回答问题（7分）

1. 在武夷山，贺亮遇到了什么让他感动的事？（3分）

2. 说说你在旅行时遇到的困难，或旅行中让你感动的人或事。（4分）

参考答案

第一课

一、产生感情　　　　　　　　游览长城
　　欣赏音乐　　　　　　　　感受快乐

二、1. 退休　　2. 浓厚　　3. 地道　　4. 魅力　　5. 典型　　6. 传统

三、（略）

四、1. A　　2. C　　3. C　　4. D　　5. B

五、（略）

六、阅读一（略）
　　阅读二　1. ×　　2. ×　　3. √　　4. ×　　5. √

第二课

一、回归自然/家庭　　　　　　想念祖国/家人
　　靠自己/父母　　　　　　　组成家庭/班级

二、1. 失业　　2. 同时　　3. 接触　　4. 有利　　5. 采购　　6. 曾经　　7. 表现

三、（略）

四、1. D　　2. A　　3. C　　4. B

五、（略）

六、阅读一　1~3（略）　　4. C
　　阅读二　1. √　　2. ×　　3. ×　　4. √　　5. ×

第三课

一、发布消息　　　　　　　　对外开放
　　占时间　　　　　　　　　个人消费

二、1. 热门　　2. 方式　　3. 频率　　4. 高峰　　5. 平均　　6. 特色　　7. 的确

三、（略）

四、1. D　　2. C　　3. A　　4. D　　5. B

五、（略）

六、阅读一　（略）
　　阅读二　1. ×　　2. √　　3. D　　4. D　　5. A

第四课

一、显示才能　　　　　　　　维护关系
　　享受生活　　　　　　　　促进发展

二、1. 娱乐　　2. 健身　　3. 相对　　4. 应酬　　5. 适度　　6. 人脉　　7. 相关

三、（略）

四、1. A　　2. B　　3. C　　4. D　　5. D

五、（略）

六、阅读一　1. B　　2~4（略）
　　阅读二　1. ×　　2. ×　　3. ×　　4. √　　5. √

第五课

一、抚养孩子　　　　　　　　盛产苹果
　　绑架小孩　　　　　　　　确定时间

二、1. 必然　　2. 奉献　　3. 成本　　4. 见解
　　5. 乐意　　6. 心理　　7. 轻易　　8. 观念

三、（略）

四、1. B　　2. C　　3. C　　4. D

五、（略）

六、阅读一　（略）
　　阅读二　1. √　　2. √　　3. ×　　4. √　　5. ×

第一～五课单元测试题

一、产生感情　　　　　　　　　回归自然
　　游览名胜古迹　　　　　　　发布消息
　　欣赏音乐　　　　　　　　　组成家庭
　　想念祖国　　　　　　　　　维护关系
　　促进发展　　　　　　　　　抚养孩子

二、1. 地道　　2. 的确　　3. 典型　　4. 轻易　　5. 方式
　　6. 适度　　7. 曾经　　8. 接触　　9. 必然　　10. 高峰

三、1. BAC　　2. ACB

四、1. 通过　　可以　　不管　　还是　　也
　　2. 还　　　虽然　　但　　　才

五、1. 张阿姨喜欢和朋友们一起去旅行，因为他们认识多年了，年龄也差不多。
　　2. 沈卫与李春建立了一个网站，他们在上面介绍美食、找朋友吃饭。
　　3. "情绪化"开车很可怕，所以我们开车的时候一定要注意。

六、阅读一
　　（一）1. ×　　2. √　　3. ×　　4. ×　　5. √　　6. ×　　7. ×　　8. √
　　（二）1. "我"适应了北京的生活，汉语水平提高了，认识了很多中外朋友，帮外婆找到了她的哥哥；我还想在中国旅游，了解中国的历史、文化，理解中国人的生活和想法。
　　　　 2.（略）

阅读二
　　（一）1. √　　2. ×　　3. ×　　4. √　　5. ×　　6. ×　　7. √　　8. ×
　　（二）1. 世玲只知道中秋节是中国人团圆的日子，家人在一起可以赏月、吃月饼，但这也会让离开家的他们更想家。
　　　　 2. 曼娜看到自己想吃的菜，只能在手机上用中文和英语打出来，等出去吃饭时就拿给服务员看。每次吃饭只吃那几种，不知道名字的菜她不敢吃。

第六课

一、依赖父母 / 老师　　　　　　打发时间 / 光阴
　　危害身体 / 健康　　　　　　占用时间 / 精力
　　采用方法 / 方式　　　　　　抵御诱惑 / 风险

制订计划/目标　　　　　　　治疗疾病/感冒

二、1. 踏实　　2. 上瘾　　3. 依赖　　4. 制订
　　5. 患　　6. 显而易见　　7. 一方面……另一方面……

三、（略）

四、1. D　　2. B　　3. A　　4. C

五、（略）

六、阅读一（略）
　　阅读二 1. √　　2. √　　3. ×　　4. ×　　5. √

第七课

一、实施政策/方案　　　　　　生育儿女/孩子
　　采访明星/教师　　　　　　缺乏能力/勇气
　　供养父母/老人　　　　　　承担责任/费用

二、1. 弊端　　2. 绝望　　3. 明确　　4. 承担　　5. 缺乏　　6. 有限　　7. 社会化

三、（略）

四、1. C　　2. D　　3. B　　4. D　　5. B

五、（略）

六、阅读一（略）
　　阅读二 1. ×　　2. √　　3. ×　　4. ×　　5. √

第八课

一、混合家庭/气体　　　　　　处理问题/关系
　　培养个性/品德　　　　　　孝顺父母/长辈
　　称呼同学/别人　　　　　　看待问题/观点

二、1. 难以　　2. 在所难免　　3. 与否　　4. 看待
　　5. 至于　　6. 差异　　7. 无微不至

三、（略）

四、1. B　　2. A　　3. D　　4. C　　5. D

五、（略）

六、阅读一（略）
阅读二 1. B　　2. D　　3. C　　4. D　　5. C

第九课

一、围绕中心 / 关键点　　体会辛苦 / 痛苦
　　监视行为 / 别人　　　干预经济 / 行动

二、1. 成熟　　2. 逐渐　　3. 急于求成　　4. 全面
　　5. 在于　　6. 与其……不如……　　7. 干预

三、（略）

四、1. B　　2. D　　3. A　　4. C　　5. A

五、（略）

六、阅读一（略）
阅读二 1. ×　　2. √　　3. √　　4. √　　5. ×

第十课

一、引发争议 / 矛盾　　　关注焦点 / 热点
　　存在问题 / 麻烦　　　激发兴趣 / 创造力
　　期待幸福 / 成功　　　失去联系 / 梦想

二、1. 焦点　　2. 意味着　　3. 指望　　4. 存在　　5. 毫不犹豫
　　6. 可望而不可即　　7. 安慰

三、（略）

四、1. B　　2. D　　3. B　　4. C

五、（略）

六、阅读一（略）
阅读二 1. √　　2. ×　　3. √　　4. ×　　5. ×

第六～十课单元测试题

一、制订计划 / 目标　　　　　　治疗疾病 / 感冒
　　缺乏能力 / 勇气　　　　　　承担责任 / 义务
　　处理问题 / 关系　　　　　　看待问题 / 观点
　　体会辛苦 / 深情　　　　　　干预经济 / 行为
　　激发热情 / 兴趣　　　　　　期待幸福 / 成功

二、1. 可望而不可即　2. 缺乏　3. 与其……不如……　4. 无微不至
　　5. 意味着　6. 与否　7. 存在　8. 在于
　　9. 显而易见　10. 一方面……另一方面……

三、1. CAB　　2. ACB

四、1. 作为　　从　　比如　　以
　　2. 之间　　也　　通过　　却　　只

五、（略）

六、阅读一
　　（一）1. ×　2. ×　3. √　4. ×　5. √　6. √　7. ×　8. √
　　（二）1. 一是由于现实条件的差异；二是由于期望值的差异。
　　　　　2. 他认为就业仅仅是人生规划中的一个环节，毕业生应结合自己的优劣势，更加理性地进行取舍。

　　阅读二
　　（一）1. ×　2. √　3. √　4. ×　5. √　6. ×　7. ×　8. √
　　（二）1. 预言孩子没出息有两种后果：一是你越说他没出息，他越没出息，就完全丧失了斗志和学习能力，最终实现你的预言！另一种孩子，你越说他没出息，他越要证明自己有出息，但是一辈子活在"证明"中，失去自我，也丧失了生活的智慧和让自己幸福的智慧。
　　　　　2. 父母教育孩子的过程，就是把自己的状态调整到平静和喜悦的过程。平静和喜悦的状态就是爱！教育孩子的过程，也是心胸拓宽的过程。改变孩子很容易，当你"容"下孩子时，孩子就"易（改变）"了。

第十一课

一、参与管理 / 制作　　　　　　擅长交际 / 演讲
　　采访一个作家 / 美国总统　　开阔眼界 / 视野

体验生活　　　　　　　　　创作电影／话剧

二、1. 交际　　2. 同行　　3. 表现　　4. 明星
　　5. 惊喜　　6. 收获　　7. 挑战

三、（略）

四、1. B　　2. C　　3. D　　4. B

五、（略）

六、阅读一（略）
　　阅读二　1. ✕　2. ✕　3. ✓　4. ✓　5. ✓

第十二课

一、推广普通话／武术　　　　　　拥有财富／健康
　　建设城市／农村　　　　　　　促进增长／食欲
　　制造惊喜／产品　　　　　　　体谅父母／别人

二、1. 繁荣　　2. 外交　　3. 贸易　　4. 名片
　　5. 总理　　6. 性价比　　7. 高铁

三、（略）

四、1. D　　2. B　　3. D　　4. C

五、（略）

六、阅读一（略）
　　阅读二　1. ✕　2. ✓　3. ✓　4. ✕　5. ✕

第十三课

一、延迟退休／启动　　　　　　启动项目／工程
　　协商解决　　　　　　　　　探索月球／新领域

二、1. 具体　　2. 出生率　　3. 寿命　　4. 规模
　　5. 媒体　　6. 慎重　　7. 实验

三、（略）

四、1. D　　2. A　　3. D　　4. C

五、（略）

六、阅读一（略）
　　阅读二 1. ✕　　2. ✓　　3. ✓　　4. ✕　　5. ✕

第十四课

一、抵制假货／毒品　　　　　　　设置密码／奖金
　　公开宣布／选拔　　　　　　　开展活动／工作
　　召开大会／会议　　　　　　　宣传节约用水／保护环境

二、1. 激烈　　2. 商业　　3. 死亡　　4. 商标
　　5. 促销　　6. 折扣　　7. 残酷

三、（略）

四、1. D　　2. C　　3. A　　4. A　　5. D

五、（略）

六、阅读一（略）
　　阅读二 1. ✓　　2. ✕　　3. ✓　　4. ✓　　5. ✕

第十五课

一、筹备会议／晚会　　　　　　　认可工作／能力
　　推荐就业／人才　　　　　　　属于我们／中国
　　尽情歌唱／舞蹈　　　　　　　展示才艺／成果

二、1. 丰富多彩　　2. 夜市　　3. 届　　4. 文艺
　　5. 身份　　6. 时代　　7. 夏令营

三、（略）

四、1. C　　2. D　　3. A　　4. A　　5. A

五、（略）

六、阅读一（略）
　　阅读二 1. ✕　　2. ✓　　3. ✕　　4. ✓　　5. ✕

第十一～十五课单元测试题

一、参与管理／制作　　　　　　　擅长交际／演讲
　　建设城市／农村　　　　　　　促进进步／和谈
　　延迟退休／启动　　　　　　　启动项目／工程
　　召开大会／会议　　　　　　　宣传节约用水／保护环境
　　推荐就业／人才　　　　　　　属于我们／中国

二、1. 通过　　2. 实际上　　3. 无论　　4. 之所以……是因为　　5. 极了
　　6. 有利于　7. 不仅……还……　　　8. 甚至　　9. 随着　　10. 据……报道

三、1. ACB　　2. CBAD

四、1. 甚至　　与此同时　　都　　不仅不……更
　　2. 并非　　只是　　当　　通常　　然后

五、（略）

六、阅读一
　　（一）1. √　　2. ×　　3. √　　4. √　　5. √　　6. ×
　　（二）1. 因为在中国的传统家庭关系中，妈妈带孩子司空见惯，而父爱却普遍缺位。
　　　　　2. 因为我迷上了放风筝，看到别的小孩都是由老爸陪着放风筝，我无比羡慕。爸爸为了满足我的心愿陪我放风筝，但是天已经黑了，为了哄我开心，爸爸说是"放蝙蝠"。

　　阅读二
　　（一）1. √　　2. √　　3. √　　4. ×　　5. ×　　6. √
　　（二）1. 有在校学生，有退休老人，有工人，有农民，有科技工作者，有解放军指战员，还有旅居海外的华人。
　　　　　2. 嫦娥怀抱玉兔奔月（依学生水平相应扩展答案）

第一～十五课总测试题

一、回归自然／家庭　　　　　　　占用时间／精力
　　抵御诱惑／风险　　　　　　　确定时间／日期
　　体谅父母／老师　　　　　　　抚养孩子
　　承担责任／费用　　　　　　　孝顺父母／长辈
　　启动项目／计划　　　　　　　失去联系／梦想

二、1. 有利于　2. 缺乏　　3. 难以　　4. 几乎　　5. 显而易见
　　6. 看待　　7. 不买账　8. 与否　　9. 实际上　10. 以……为主

三、1. BAC　　2. ACB

四、1. 已　　却　　来自　　都

　　2. 经过　　一直　　已经　　越来越　　但　　也　　所以

五、（略）

六、阅读一

　　（一）1. √　　2. ×　　3. √　　4. ×　　5. ×　　6. ×　　7. √　　8. √

　　（二）1. 饺子出现于中国古代，随着饮食文化的影响与不同国家之间的经济交流等，饺子也被带到了世界各地，当地人会根据自己的饮食习惯把饺子改造成他们喜欢的味道，因此，很多国外的饺子样子、做法等都与中国不同了。

　　　　2. 日本人常用鱼做馅，喜欢把饺子煎着吃，还常常和鱼汤一起吃。俄罗斯的饺子更大，他们常用牛肉、胡萝卜、鸡蛋、洋葱做馅，还喜欢加些辣椒，煮饺子用牛骨头汤，饺子煮好后喝汤是第一道菜，吃饺子是第二道菜。世界各地的饺子样子也不同。比如德国施瓦本方饺是方的，意大利的饺子是长的。意大利人包饺子时先把面压成一长条，放好馅后，在面的边上弄些水，再用同样的一条面片放在上面压好，最后用刀切开。

阅读二

　　（一）1. √　　2. ×　　3. ×　　4. √　　5. √　　6. ×　　7. ×　　8. √

　　（二）1.（略）

　　　　2.（略）

词语总表①

简体	繁体	拼音	词性	等级	课数
A					
安慰		ānwèi	（动）	二	10
B					
绑架	綁架	bǎngjià	（动）	三	5
包袱		bāofu	（名）	附	10
保姆		bǎomǔ	（名）	三	8
报告	報告	bàogào	（名）	一	3
被动	被動	bèidòng	（形）	二	10
本质	本質	běnzhì	（名）	二	14
必然		bìrán	（形）	一	5
弊端		bìduān	（名）	三	7
表面		biǎomiàn	（名）	一	14
表态	表態	biǎotài	（动）	三	14
表现	表現	biǎoxiàn	（动）	一	2
C					
采访	採訪	cǎifǎng	（动）	二	7
采购	採購	cǎigòu	（动）	二	2
采用	採用	cǎiyòng	（动）	一	6
参与	參與	cānyù	（动）	二	11
残酷	殘酷	cánkù	（形）	二	14
曾经	曾經	céngjīng	（副）	一	2
差异	差異	chāyì	（名）	二	8
产生	產生	chǎnshēng	（动）	一	1
称呼	稱呼	chēnghu	（动）	三	8
成本		chéngběn	（名）	二	5

---

① 根据北京语言大学出版社2010年出版的《汉语国际教育用音节汉字词汇等级划分（国家标准·应用解读本）》，"一"指"一级词语"，"二"指"二级词语"，"三"指"三级词语"，"附"指"附录词语"，"超"指"超纲词语"。

简体	繁体	拼音	词性	等级	课数
成就		chéngjiù	（名）	一	12
成熟		chéngshú	（形）	一	9
成长	成長	chéngzhǎng	（动）	一	8
承担	承擔	chéngdān	（动）	二	7
吃苦		chī kǔ		三	7
筹备	籌備	chóubèi	（动）	三	15
出路		chūlù	（名）	二	10
出生率		chūshēnglǜ	（名）	超	13
厨师	廚師	chúshī	（名）	二	2
处理	處理	chǔlǐ	（动）	一	8
传统	傳統	chuántǒng	（形）	二	1
创作	創作	chuàngzuò	（动）	一	11
此外		cǐwài	（连）	二	6
促进	促進	cùjìn	（动）	二	4
促销	促銷	cùxiāo	（动）	二	14
存在		cúnzài	（动）	一	10

D

简体	繁体	拼音	词性	等级	课数
打发	打發	dǎfā	（动）	二	6
大胆	大膽	dàdǎn	（形）	二	8
大势所趋	大勢所趨	dàshì suǒ qū		超	13
待命		dàimìng	（动）	超	9
的确	的確	díquè	（副）	二	3
抵御	抵禦	dǐyù	（动）	三	6
抵制		dǐzhì	（动）	三	14
地道		dìdao	（形）	三	1
典型		diǎnxíng	（形）	二	1
电源	電源	diànyuán	（名）	二	9
独立	獨立	dúlì	（动）	二	8
独生子女	獨生子女	dúshēng zǐnǚ		超	7
独特	獨特	dútè	（形）	二	15
对方	對方	duìfāng	（名）	一	8
对于	對於	duìyú	（介）	一	2

简体	繁体	拼音	词性	等级	课数
E					
儿媳	兒媳	érxí	（名）	超	8
F					
发布	發佈	fābù	（动）	二	3
繁荣	繁榮	fánróng	（形）	二	12
方式		fāngshì	（名）	一	3
氛围	氛圍	fēnwéi	（名）	三	11
丰富多彩	豐富多彩	fēngfù duōcǎi		三	15
逢		féng	（动）	三	14
奉献	奉獻	fèngxiàn	（动）	二	5
夫妇	夫婦	fūfù	（名）	二	1
夫人		fūrén	（名）	一	1
抚养	撫養	fǔyǎng	（动）	三	5
G					
改革开放	改革開放	gǎigé kāifàng		三	12
概括		gàikuò	（动）	二	11
干预	干預	gānyù	（动）	二	9
感受		gǎnshòu	（动）	一	1
高峰		gāofēng	（名）	二	3
高铁	高鐵	gāotiě	（名）	二	12
隔壁		gébì	（名）	二	15
个体	個體	gètǐ	（名）	二	7
个性	個性	gèxìng	（名）	一	8
跟团游	跟團遊	gēntuányóu	（动）	超	3
工资	工資	gōngzī	（名）	一	15
公开	公開	gōngkāi	（动）	一	14
公平		gōngpíng	（形）	一	9
供养	供養	gōngyǎng	（动）	超	7
关注	關注	guānzhù	（动）	一	10
观念	觀念	guānniàn	（名）	一	5
规模	規模	guīmó	（名）	一	13
国情	國情	guóqíng	（名）	三	13

简体	繁体	拼音	词性	等级	课数
过渡	過渡	guòdù	（动）	二	13

H

简体	繁体	拼音	词性	等级	课数
毫不犹豫	毫不猶豫	háo bù yóuyù		三	10
合作		hézuò	（动）	一	7
和平		hépíng	（名）	一	12
后备	後備	hòubèi	（形）	三	9
华裔	華裔	huáyì	（名）	三	2
患		huàn	（动）	三	6
回归	回歸	huíguī	（动）	三	2
婚礼	婚禮	hūnlǐ	（名）	二	1
混合		hùnhé	（动）	二	8

J

简体	繁体	拼音	词性	等级	课数
激发	激發	jīfā	（动）	三	10
激烈		jīliè	（形）	二	14
急于求成	急於求成	jíyú qiú chéng		超	9
家庭		jiātíng	（名）	一	2
监视	監視	jiānshì	（动）	三	9
见解	見解	jiànjiě	（名）	三	5
建设	建設	jiànshè	（动）	一	12
健身		jiànshēn	（动）	二	4
交际	交際	jiāojì	（动）	二	11
交易		jiāoyì	（动）	一	14
焦点	焦點	jiāodiǎn	（名）	二	10
阶段	階段	jiēduàn	（名）	二	5
接触	接觸	jiēchù	（动）	二	2
届		jiè	（量）	二	15
尽情	盡情	jìnqíng	（副）	三	15
进步	進步	jìnbù	（动）	一	15
惊喜	驚喜	jīngxǐ	（形）	二	11
精神		jīngshén	（名）	一	7
酒吧		jiǔbā	（名）	二	4
90后	90後	jiǔlínghòu	（名）	超	3

简体	繁体	拼音	词性	等级	课数
就业	就業	jiù yè		一	13
具体	具體	jùtǐ	（形）	一	13
角色		juésè	（名）	二	11
绝望	絕望	juéwàng	（动）	二	7
均衡		jūnhéng	（形）	三	2
K					
开放	開放	kāifàng	（动）	一	3
开阔	開闊	kāikuò	（动）	三	11
开销	開銷	kāixiāo	（名）	三	7
开展	開展	kāizhǎn	（动）	一	14
看待		kàndài	（动）	二	8
靠		kào	（动）	一	2
可靠		kěkào	（形）	一	12
客栈	客棧	kèzhàn	（名）	超	3
快餐		kuàicān	（名）	一	2
L					
劳动力	勞動力	láodònglì	（名）	三	13
老龄化	老齡化	lǎolínghuà	（动）	超	13
乐意	樂意	lèyì	（动）	三	5
礼节	禮節	lǐjié	（名）	超	8
理性		lǐxìng	（形）	三	5
联合	聯合	liánhé	（动）	一	14
恋爱	戀愛	liàn'ài	（动）	二	5
亮点	亮點	liàngdiǎn	（名）	三	12
领域	領域	lǐngyù	（名）	三	12
律所		lǜsuǒ	（名）	超	10
M					
忙碌		mánglù	（形）	三	15
矛盾		máodùn	（名）	二	8
贸易	貿易	màoyì	（名）	二	12
媒体	媒體	méitǐ	（名）	一	13
魅力		mèilì	（名）	三	1

简体	繁体	拼音	词性	等级	课数
梦想	夢想	mèngxiǎng	（名）	二	15
面孔		miànkǒng	（名）	超	10
名片		míngpiàn	（名）	二	12
明确	明確	míngquè	（形）	一	7
明星		míngxīng	（名）	一	11
模式		móshì	（名）	二	14
摩擦		mócā	（名）	二	8
某		mǒu	（代）	一	3
目的地		mùdìdì	（名）	三	3
目前		mùqián	（名）	一	5

N

简体	繁体	拼音	词性	等级	课数
年纪	年紀	niánjì	（名）	一	10
农民工	農民工	nóngmíngōng	（名）	超	15
浓厚	濃厚	nónghòu	（形）	三	1
女婿		nǚxù	（名）	三	8

P

简体	繁体	拼音	词性	等级	课数
盘旋	盤旋	pánxuán	（动）	超	9
培养	培養	péiyǎng	（动）	二	8
频繁	頻繁	pínfán	（形）	二	14
频率	頻率	pínlǜ	（名）	三	3
平均		píngjūn	（形）	二	3

Q

简体	繁体	拼音	词性	等级	课数
期待		qīdài	（动）	二	10
启动	啟動	qǐdòng	（动）	二	13
潜力	潛力	qiánlì	（名）	二	12
强调	強調	qiángdiào	（动）	一	13
强迫		qiǎngpò	（动）	二	6
轻易	輕易	qīngyì	（副）	二	5
清淡		qīngdàn	（形）	附	2
趋势	趨勢	qūshì	（名）	二	13
全面		quánmiàn	（形）	一	9
缺乏		quēfá	（动）	二	7

简体	繁体	拼音	词性	等级	课数
确定	確定	quèdìng	（动）	一	5
群众	群衆	qúnzhòng	（名）	一	15

R

简体	繁体	拼音	词性	等级	课数
热门	熱門	rèmén	（形）	二	3
人格		réngé	（名）	三	9
人脉	人脈	rénmài	（名）	超	4
人生		rénshēng	（名）	一	9
人员	人員	rényuán	（名）	一	12
认可	認可	rènkě	（动）	一	15
日期		rìqī	（名）	一	14
融合		rónghé	（动）	二	14
如今		rújīn	（名）	二	15
弱		ruò	（形）	二	9

S

简体	繁体	拼音	词性	等级	课数
擅长	擅長	shàncháng	（动）	三	11
商标	商標	shāngbiāo	（名）	二	14
商业	商業	shāngyè	（名）	一	14
上瘾		shàng yǐn		三	6
设施	設施	shèshī	（名）	二	12
设置	設置	shèzhì	（动）	二	14
身份		shēnfèn	（名）	二	15
慎重		shènzhòng	（形）	三	13
生育		shēngyù	（动）	三	7
生长	生長	shēngzhǎng	（动）	一	2
盛产	盛產	shèngchǎn	（动）	超	5
失去		shīqù	（动）	一	10
失业	失業	shī yè		二	2
师范	師範	shīfàn	（名）	三	9
时不时	時不時	shíbùshí	（副）	附	6
时代	時代	shídài	（名）	一	15
实施	實施	shíshī	（动）	二	7
实习	實習	shíxí	（动）	一	10

简体	繁体	拼音	词性	等级	课数
实验	實驗	shíyàn	（动）	一	13
示威		shìwēi	（动）	三	13
市场营销	市場營銷	shìchǎng yíngxiāo		超	10
适度	適度	shìdù	（形）	三	4
收获	收獲	shōuhuò	（名）	二	11
寿命	壽命	shòumìng	（名）	三	13
属于	屬於	shǔyú	（动）	一	15
数据	數據	shùjù	（名）	二	14
死亡		sǐwáng	（动）	二	14
塑造		sùzào	（动）	三	12
随意		suíyì	（形）	二	14

T

简体	繁体	拼音	词性	等级	课数
踏实	踏實	tāshi	（形）	二	6
胎		tāi	（量）	三	7
探索		tànsuǒ	（动）	二	13
唐人街		tángrénjiē	（名）	二	2
淘汰		táotài	（动）	二	14
特色		tèsè	（名）	一	3
体会	體會	tǐhuì	（动）	一	9
体谅	體諒	tǐliàng	（动）	三	12
体现	體現	tǐxiàn	（动）	一	12
体验	體驗	tǐyàn	（动）	一	11
挑战	挑戰	tiǎo zhàn		二	11
同行		tóngháng	（名）	二	11
同时	同時	tóngshí	（名）	一	2
投资	投資	tóuzī	（动）	二	14
推动	推動	tuīdòng	（动）	二	12
推广	推廣	tuīguǎng	（动）	一	12
推荐	推薦	tuījiàn	（动）	三	15
退休		tuì xiū		一	1

W

简体	繁体	拼音	词性	等级	课数
外交		wàijiāo	（名）	一	12
晚点族	晚點族	wǎndiǎnzú	（名）	超	5

简体	繁体	拼音	词性	等级	课数
晚婚		wǎnhūn	（动）	超	5
望子成龙	望子成龍	wàng zǐ chéng lóng		超	8
危害		wēihài	（动）	一	6
微博		wēibó	（名）	超	7
微信		wēixìn	（名）	超	6
围绕	圍繞	wéirào	（动）	二	9
维护	維護	wéihù	（动）	二	4
文明		wénmíng	（名）	一	15
文艺	文藝	wényì	（名）	二	15
无微不至	無微不至	wú wēi bú zhì		附	8
无限	無限	wúxiàn	（形）	二	10
物质	物質	wùzhì	（名）	二	15

X

简体	繁体	拼音	词性	等级	课数
西式		xīshì	（形）	超	1
夏令营	夏令營	xiàlìngyíng	（名）	三	15
先进	先進	xiānjìn	（形）	一	12
显而易见	顯而易見	xiǎn'éryìjiàn		附	6
显示	顯示	xiǎnshì	（动）	一	4
现实	現實	xiànshí	（名）	一	10
相对	相對	xiāngduì	（形）	三	4
香蕉人		xiāngjiāorén	（名）	超	2
相关	相關	xiāngguān	（动）	一	4
享受		xiǎngshòu	（动）	二	4
想念		xiǎngniàn	（动）	二	2
消费	消費	xiāofèi	（动）	一	3
孝顺	孝順	xiàoshùn	（动）	附	8
协商	協商	xiéshāng	（动）	二	13
心理		xīnlǐ	（名）	二	5
心切		xīnqiè	（形）	超	8
欣赏	欣賞	xīnshǎng	（动）	二	1
星座		xīngzuò	（名）	附	3
形势	形勢	xíngshì	（名）	二	13
性价比	性價比	xìngjiàbǐ	（名）	附	12

简体	繁体	拼音	词性	等级	课数
休闲	休閒	xiūxián	（动）	二	4
需求		xūqiú	（名）	一	9
宣传	宣傳	xuānchuán	（动）	一	14

Y

简体	繁体	拼音	词性	等级	课数
揠苗助长	揠苗助長	yà miáo zhù zhǎng		超	9
延迟	延遲	yánchí	（动）	超	13
眼界		yǎnjiè	（名）	三	11
演讲	演講	yǎnjiǎng	（动）	二	12
养老院	養老院	yǎnglǎoyuàn	（名）	三	8
业余	業餘	yèyú	（形）	二	15
夜		yè	（名）	一	4
夜市		yèshì	（名）	附	15
依赖	依賴	yīlài	（动）	二	6
一系列		yíxìliè	（形）	三	11
以来	以來	yǐlái	（名）	一	2
意味着	意味著	yìwèizhe	（动）	二	10
因素		yīnsù	（名）	二	8
引发	引發	yǐnfā	（动）	三	10
应酬	應酬	yìngchou	（动）	附	4
应急	應急	yìng jí		二	9
拥有	擁有	yōngyǒu	（动）	二	12
优势	優勢	yōushì	（名）	一	12
游览	遊覽	yóulǎn	（动）	三	1
有利		yǒulì	（形）	一	2
有限		yǒuxiàn	（形）	二	7
诱惑	誘惑	yòuhuò	（动）	三	6
娱乐	娛樂	yúlè	（动）	二	4
预期		yùqī	（动）	二	13

Z

简体	繁体	拼音	词性	等级	课数
在所难免	在所難免	zài suǒ nánmiǎn		超	8
在于	在於	zàiyú	（动）	二	9
展示		zhǎnshì	（动）	二	15
占	佔	zhàn	（动）	一	3

简体	繁体	拼音	词性	等级	课数
占用	佔用	zhànyòng	（动）	三	6
战略	戰略	zhànlüè	（名）	二	12
战争	戰爭	zhànzhēng	（名）	二	10
长辈	長輩	zhǎngbèi	（名）	三	8
召开	召開	zhàokāi	（动）	二	14
折扣		zhékòu	（名）	三	14
折射		zhéshè	（动）	三	14
着迷	著迷	zháo mí		附	1
争议	爭議	zhēngyì	（动）	二	10
政策		zhèngcè	（名）	二	7
政府		zhèngfǔ	（名）	一	7
政治		zhèngzhì	（名）	一	1
症	癥	zhèng		超	6
直升机	直升機	zhíshēngjī	（名）	二	9
职场	職場	zhíchǎng	（名）	超	10
职场人	職場人	zhíchǎngrén	（名）	超	4
指望		zhǐwàng	（动）	三	10
至于	至於	zhìyú	（介）	二	8
制订	製訂	zhìdìng	（动）	一	6
制造	製造	zhìzào	（动）	一	12
制作	製作	zhìzuò	（动）	一	11
治疗	治療	zhìliáo	（动）	二	6
智能		zhìnéng	（形）	二	6
中式		zhōngshì	（形）	超	1
中心		zhōngxīn	（名）	一	7
中央		zhōngyāng	（名）	一	7
逐步		zhúbù	（副）	二	15
逐渐	逐漸	zhújiàn	（副）	二	9
主妇	主婦	zhǔfù	（名）	三	7
主流		zhǔliú	（名）	二	10
专家	專家	zhuānjiā	（名）	一	4
转换	轉換	zhuǎnhuàn	（动）	二	12
转型	轉型	zhuǎnxíng	（动）	三	12
状况	狀況	zhuàngkuàng	（名）	一	2

简体	繁体	拼音	词性	等级	课数
状态	狀態	zhuàngtài	（名）	一	10
姿势	姿勢	zīshì	（名）	三	6
自力更生		zì lì gēng shēng		附	8
自由行		zìyóuxíng	（动）	附	3
自主		zìzhǔ	（动）	一	9
综合	綜合	zōnghé	（动）	二	13
总理	總理	zǒnglǐ	（名）	一	12
组成	組成	zǔchéng	（动）	一	2
祖国	祖國	zǔguó	（名）	二	2
最初		zuìchū	（名）	二	15
作为	作爲	zuòwéi	（动）	一	7
坐立不安		zuòlì bù'ān		超	6